·本研究成果受中南财经政法大学资助

译 事 三 论

冯 曼◎著

中国出版集团
世界图书出版公司
广州·上海·西安·北京

图书在版编目（CIP）数据

译事三论 / 冯曼著 . —广州：世界图书出版广东
有限公司，2014.12（2025.1重印）
ISBN 978-7-5100-7883-5

Ⅰ.①译… Ⅱ.①冯… Ⅲ.①翻译—研究 Ⅳ.① H059

中国版本图书馆 CIP 数据核字（2015）第 001315 号

译事三论

责任编辑 翁 晗
出版发行 世界图书出版广东有限公司
地 址 广州市新港西路大江冲 25 号
http:// www.gdst.com.cn
印 刷 悦读天下（山东）印务有限公司
规 格 710mm×1000mm 1/16
印 张 11.5
字 数 180 千
版 次 2014 年 12 月第 1 版 2025 年 1 月第 3 次印刷
ISBN 978-7-5100-7883-5/H·0893
定 价 68.00 元

目　　录

第一篇　文化翻译论

文化翻译研究包括本体研究和外部研究。本体研究关注的是翻译过程中各种文化因素（如文化负载语句、文化审美、文化思维等）的处理；外部研究考察的是翻译活动与文化之间的互动关系，既包含翻译活动对文化的影响，也考察文化历史背景中政治、经济、文化等社会因素对翻译活动整个过程[1] 以及对翻译系统[2] 的影响。

文化翻译的外部研究的研究领域自 20 世纪七八十年代翻译学兴起时就不断从各个视角得到拓展。1990 年，巴斯奈特（Susan Bassnet）对这种从文化层面研究翻译的范式提出了"翻译的文化转向"[3]。之后，多部文化与翻译研究的专著和论文集相继出版。图里（Gideon Toury）的描述研究，埃文—佐哈（Itamar Even-Zohar）的多元系统论，勒菲弗尔（André Lefevere）和赫曼斯（Theo Hermans）的操纵派理论，莱斯（Katharina Reiss）、费米尔（Hans Vermeer）、诺德（Christiane Nord）等人的功能派理论，韦努蒂（Lawrence Venuti）等的解构主义翻译观，以西蒙（Sherry Simon）为代表的女权主义学派和以尼南贾纳（Tejaswini Niranjana）、斯皮瓦克（Gayatri C.Spivak）为代表的后殖民主义等等，都可以归入翻译研

---

[1]　包括翻译发起、翻译选材、翻译决策、翻译传播、翻译接受等。

[2]　翻译活动是一项社会实践活动。围绕着翻译活动的开展存在着翻译主体、翻译客体，翻译所发生的政治、经济环境，制约和促成翻译发生、传播的内在机制以及翻译决策等内在规律。这些与翻译活动相联系的主、客观因素，因其之间的相互联系、相互制约就形成了翻译系统，成为社会系统诸多子系统中的一个。

[3]　苏珊·巴斯奈特所写论文 "The Translation Turn in Cultural Studies" 收录于其与 Lefevere André 于 1990 年合编的论文集：*Constructing Cultures: Essays on Literary Translation*.（本文参照上海外语教育出版社 2001 年在中国引进的版本。）

究文化学派的大框架之下。

文化翻译的外部研究在经历了热发展之后也迎来了冷思考，不断受到诸如"脱离本体研究"、"无限扩大了翻译研究对象的外延"、"学术边界模糊"、"不能为翻译建立标准"等之类的诟病。然而，文化翻译的本体研究和外部研究虽各有侧重，却不能割裂开来。很多外部研究非常重视采用本体研究的方法，利用现代语言学理论（如社会语言学、话语分析理论、篇章语言学语用学等），从译文的"改写"[1]中去发现翻译决策背后的权力关系、意识形态影响等等。如果离开本体研究，脱离以话语为基础的比较分析，文化翻译的外部研究也缺乏坚实的基础。另一方面，本体研究也应借鉴外部研究的成果，在处理翻译的文化因素时，从各种描述性的研究中了解"文化翻译存在哪些特殊处理"，"为什么这么处理"，为最后完成"怎么译"提供更为全面科学的指导。这正如谢天振（2008）在分析翻译本体研究与翻译研究本体时所说：

> 如果翻译的本体是指翻译过程中两种语言文字的转换过程本身，那么翻译研究的本体除了语言文字转换过程的本身之外，它必然包括翻译过程以及译者、接受者等翻译主体和翻译受体所处的历史和文化语境，以及对两种语言文字转换产生影响和制约作用的各种文本之外的因素。

文化翻译的本体研究长久地徘徊在文化翻译策略是归化还是异化、译语文化取向还是源语文化取向、接近读者还是接近原作者等二元对立的讨论上。如果不从翻译本质上进行认识，这些问题恐怕很难决断，最后只能得到归化、异化并非对立排斥，而是辩证统一的结论，其适用标准仍然含糊，文化翻译策略仍然得不到好的解决。只有从翻译本质的分析出发，了解文化翻译策略应该解决哪些问题，才能提出相应的解决策略。

关注文化翻译本体研究的同时，我们也不能忽视文化翻译的外部研究。针对目前文化翻译研究中"中国文化走出去"的热点问题，现有研究刚刚

---

[1] 这里的"改写"并非是"一切翻译都是改写"之意，而是译文与原文对照存在有意的删减、增加、改动等不对等的处理。

起步，视野多局限在本学科的传统领域，对文化外译的研究以微观研究、个案研究、本体研究居多。由于"文化走出去"是一项国家助推的文化工程，其运作涉及整个文化外译子系统，[1] 外译研究的本体一样也离不开制约外译活动的语言之外的因素，因此，从翻译社会学视角审视文化外译研究体系能提供更为整体性的思路。

最后，作为翻译活动的主体，译者的身份定位与角色选择也是一个值得深入探究的话题。不但译者的多重身份与作为核心的译者身份之间的兼容与对立深受社会因素与文化因素的影响，而且在翻译活动中译者对自己动态身份的认识与角色的动态选择也会影响其对文化问题的处理策略。

---

[1]　如果将翻译分为引进翻译和对外翻译，翻译系统则可以视作由引进翻译子系统和对外翻译子系统构成。

第一章 语言、信息与翻译

文化翻译观离不开我们对翻译本质的认识，而讨论翻译的本质也不能脱离对语言的探讨。翻译理论的发展可以说一直受各种语言哲学观的影响。语言哲学探讨语言与世界、语言与思想、语言与真理的关系，这些问题与以语言为媒介的翻译活动之间有着天然的联系。语言哲学对语言意义的探讨 —— 无论是指称论、观念论、行为论还是指号论 —— 实际是从不同角度渐进地揭开语言的多重属性：语言描述的客观实在性、语言使用的意向性、语言本质的社会性、语言发展的历史性和文化性。这些语言哲学观对我们认识翻译的本质以及翻译方法、原则、标准的形成都产生了深远的影响。

一、翻译定义中体现的翻译观

我们普遍谈到的翻译，从表面上看是一种语言转换为另一种语言的言语活动，它所连接的两端 —— 源语与译入语都涉及语言本身。那么，在这个跨语言活动过程中翻译到底在译什么？

综观国内外众多对翻译的定义及其本质的阐述，我们可以区分以下几类翻译观：

第一种观点认为翻译译的是语言本身，即翻译是语言间的符号转换，译者关注的是译语与源语形式之间的对应。翻译"属于人类语言之间的转换活动"（刘宓庆，1990），是"把一种语言（源语）的话语材料替换成另一种语言（目的语）中对等的话语材料"（卡特福德，1964）。

第二种观点认为翻译译的是人的思维活动的内容或结果，即思想。翻译"是用一种语言把另一种语言所表达的思维内容准确而完整地重新表达出来的语言活动"（张培基，1980）。"翻译是译者的一种特殊而复杂的思维活动过程。这个过程不仅应包括思维活动的结果（译文作品），而且应包括这个结果的社会效益（译文读者的反应）"（杨自俭，2008）。

第三种观点认为翻译译的是语言承载的意义。"翻译是把一种语言的言语在保持内容方面也就是意义不变的情况下改变为另一种语言的言语的过程"（巴尔胡达罗夫，1985）。

第四种观点认为翻译译的是文化。语言是特定文化下的符号系统，承载了大量的文化信息。"当一种语言和另一种语言进行交流时，[1] 实际发生的是不同文化之间的交流。交流时语言和语言之间并不直接相通，必须借助翻译。所以说，翻译的任务在本质上就是实现不同文化之间所进行的交际"（范东生，2000）。

最后一种观点把翻译定义为信息转换，"将一种语言传达的信息用另外一种语言传达出来"（蔡毅，1995）；"翻译的本质是信息的传播与交流"（吕俊，2001）。奈达（Eugene Nida）在其早期的研究中也强调从语义上、文体上用最切近、最自然的对等语在译语中再现源语的信息。（谭载喜，1988）

上述几种翻译观对翻译本质的认识其实都没有离开语言哲学所探寻的两个重要议题：①语言和世界的关系；②语言或语词的意义问题。（陈嘉映，2003）后文将结合对语言的认识来探究翻译的本质。

二、语言哲学与翻译观

以索绪尔（Ferdinand de Saussure）为代表的结构主义语言学家认为语言是由能指和所指构成的符号系统，其研究重点是对语言进行内部结构的分析。受其影响的翻译观注重语言形式的转换、语义和句法分析。解构主义哲学家颠覆了西方逻各斯中心主义的传统，否定语言的终极意义，否定

---

[1]　这里指的是持有不同语言的人进行交流时。

文本的封闭性，使得翻译打破了作者与译者、原文与译文之间的主从关系，更多关注语言的外部因素，催生了翻译研究的文化转向，建立起了更加多元的翻译理论。洪堡特（Wilhelm von Humboldt）认为语言的普遍性、客观性决定语言的可译性，语言的特殊性、主观性又决定了语言的不可译性。（朱湘军，2012）洪堡特主张的语言与精神的同一性，以及海德格尔（Martin Heidegger）提出语言是人类精神家园的观点使得翻译关注思维活动、思想内容的转换。格莱斯（Grice）、塞尔（John R. Searle）、胡塞尔（Edmund Husserl）、奎因（Quine）这些语言哲学家在前人的基础上不断深入将语言的意向性、社会性揭示出来，将语言意义引入了语用交际层面，直接或间接地促进了功能派翻译理论的萌生和发展以及语用翻译研究。

语言哲学的发展推动了翻译理论的研究，语言哲学对翻译学科的引领作用还将随着自身的发展继续下去。

翻译既然是一种语际间的转换活动（无论其转换的是什么），那么对翻译本质的认识都离不开对语言本质的探讨。

（一）语言是什么

语言到底是什么？是符号系统？是文化载体？还是思维工具？

要回答这个问题，我们首先得回归语言本质，回到世界的本原状态。哲学界普遍认同构成宇宙的三大基本元素是物质、能量和信息。由于物质的存在，物质之间的普遍联系就表现为信息和能量。其中能量是物质在运动中的量化转换，而信息则是物质相互联系的状态和方式。物质之间借助能量的转化相互联系，并表现为信息的传递。物质的多样性决定了物质间信息传播载体的多样性，可以是气味、声音、颜色、运动方式，甚至是分子排列组合结构以及其他更多人类已知或未知的载体形式。

人与世界的联系也表现为信息。不同物质传播信息的载体和信道不同，能够为人类识别的信息只是其中一部分。相比于世界与人之间的信息传递，人对自己主动与世界的联系更为自信，因为人类创造了一种联系世界、联系人类社会的重要工具，这就是语言。

从其产生和发展来看，语言是人类在与世界发生联系的历史长河中创造并发展而来的信息载体，或者说是编码工具。相对于人类早期用于传递信息的手段（如原始岩画、结绳记事等手段），语言系统在信息传递过程中因其信息承载量大，及其信息传递的相对确定性，而得以留存下来，并不断地发展进化。语言分层次的组合系统构筑了无限多的表达形式，以应对无穷的信息编码需求。在人类以语言进行信息传递的过程中涉及信息编码的问题，编码规则在语言中表现为词、句、段、篇等的组织规则，如词法、句法、语用规则和篇章规则等。语言是由语言单位和语言规则组成的有机系统，就像高等生物的器官系统，由多个子系统构成，各个子系统相互联系又相互制约。

（二）语言与世界的关系

在维特根斯坦（Ludwig Wittgenstein）早期的"图像"论中，语言与世界是对应的，世界是事实的总和，而语言是命题的总和。因为存在可能世界命题的总和大于事实的总和，真命题的总和才是世界的图像。（陈嘉映，2003）维特根斯坦以"图像"喻指意义的生成方式，意义就是图像对世界的摹画，它是由图像显示出的"映射关系"。"图像论"意义观的内核就是以语言工具论为基础的意义指称论，（谢萌，2012）这种思想忽视了语言的本体论价值。其实，语言自被创造出来之后，就在人与世界的不断联系中根据信息传递的需要不断演变与进化，形成了自己的生命力并作为一种客观存在反作用于人和世界。因此，洪堡特（2001）相信"语言乃是一种独立的存在"，费尔克拉夫（Fairclough, 1992）也认为，话语"不仅仅反映和呈现社会事物和关系，其本身就构建和构成它们"。

语言本体论者自海德格尔、洪堡特以来就认为语言和世界是同构的。然而，他们又忽略了语言的工具性，忽略了语言不是由实体组成，而是由符号、概念组成的整体。语言表达世界是间接的。在多层次组合的系统运作下，语言虽然具备无限的表达潜力，但是由于语言的抽象性、不确定性和信息本身的千变万化，无限的语言形式与无限的信息之间并不能保证一一对应。语言是信息的载体，却并不保证与信息的完全契合，就如同一幅图画，图画与其所表现的现实可以无限接近，却永远也不能完全等同，更何况人与世界的联系既包含了实体物质世界又包含了人类自己的心智精神世界。无论对现实世界和心智世界，人类的认知既不充分也不固定。

那么语言作为人与世界联系的纽带，如何表达相对确定的信息以体现其稳定性呢？这主要受两个因素制约：①语言具有历史性和社会性，其传承和演变受到了使用者和使用者所处世界的制约，因此打上了社会的烙印。洪堡特说："民族的语言就是民族的精神，民族的精神就是民族的语言。"（黄振定，2007）这说明语言属于民族，不属于个人，个人使用的语言是民族的语言。语言在长期使用过程中形成的、为大多数人接受的意义以及规则是语言承载信息具有确定性的基础。②语言作为思维工具具有普适性。大部分人通过思维的方式与世界发生联系，其中思维又有很大一部分是以语言为媒介进行的。语言反映出的思维活动是有着共通性的，有规律可循。

语言的普遍性、客观性、历史性、社会性、思维普适性等特征可以形成合力，对其承载的信息产生向心力，使得信息内容和传递效果通过这些语言特性聚集，形成相对确定的中心。但是由于个人对语言编码系统的掌握情况不同，语言系统的局限性和信息本身的多样性、特殊性等因素又使得语言系统和信息之间始终存在离心力，使得语言编码偏离信息，产生信息损失和扭曲的可能，语言系统和信息之间存在的离心力和向心力相互制约最终决定了信息呈现的效果。

（三）语言如何传递信息：信息的维度和语言功能

人的语言活动实际上是人与世界以语言为载体的一种联系方式，是一种信息传递活动。信息的传递带来能量的转换必然对世界产生影响，产生作用力，因此信息本身也具有物质性。比如，在"望梅止渴"的故事中，人的感官（听觉）接收到梅子的信息，会激活人吃酸梅的经验，从而刺激腺体分泌出唾液。这是信息物质性的有力佐证。语言作为信息的载体，在信息的传递过程中也会产生作用力，作用于人与世界，体现为语言的功能。

语言传递的信息是立体的，这主要取决于人与世界联系的多维性。维索尔伦（Verschuern, 1999）在谈到语言的选择与交际语境的顺应时，对语用世界（语境）进行了三分：物质世界、心智世界、社交世界。但是他的划分主要是为了说明语言使用的交际语境。此外，社交世界实际上介于物质世界和心智世界之间，其划分也尚有模糊地带。如果采用哲学常用的主观世界与客观世界的划分法，可以将世界进行如下划分来思考人与所处世界的关系（图 1-1）。

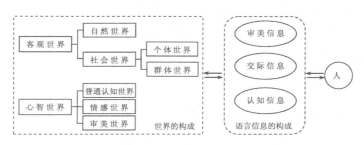

图 1-1　人与世界的联系（通过语言信息）

我们所处的世界由客观世界和心智世界构成。客观世界由人自身之外的自然物质世界以及由个体和群体组成的社会世界组成；心智世界则包括普通认知世界、情感世界与艺术审美世界。

人与客观世界以及自己的心智世界发生联系，主要表现在三个方面：人对客观世界和心智世界的发现——普通认知与表征；人与其他社会个人、群体之间的关系——社会规约和交际；人对完美世界的追求——怡情审美。因此人在与自然界、自身心智、人类社会（其他个体与群体）之间的联系中存在三大类信息：普通认知信息、社会规约交际信息、怡情审美信息，它们构成了语言信息的三个维度。这三个维度代表着语言的三大功能：普通认知功能（思维、想象、启发、记忆功能等）、社会规约和交际功能（政治、宗教、规范、工具、表达、司事、调解、交往功能等）、审美艺术功能（娱乐、修辞功能等）。

语言信息的三个维度随着人与世界发生联系的目的和方式不同而呈现出不同的层次，也使得语言为传递这三类信息而调用不同的编码规则。传递认知信息涉及的编码规则较多，主要涉及语义规则、句法规则、语体规则、语用规则等；语用规则、语体规则更多地服务交际信息；修辞规则更多服务于审美信息。语言传递的三类信息不同层次地交织在一起，使得话语实现的语言功能也呈现出不同层次，并动态共存。因交际意图的不同、交际环境的限制，各项功能会动态地凸显出不同的地位。也就是说，信息产生的动力（不同的交际意图）、信息内容、信息所发生的场所（不同的交际环境）以及信息的发出者和接受者，都会造成作为信息载体的语言在各项功能上的动态分布。语言信息的传递实际上是借助语言规则，不同程度地操控各个维度上语言功能的实现，实现多维度立体信息的传送与接收。这就是为什么当我们听到一句话时，很快就能对其中的内容（认知信息）、隐含的交际目的（社会规约交际信息）以及是否能够怡情审美（审美信息）做出判断的原因。

（四）翻译是一种信息传播活动

翻译首先是一种语言活动。语言活动不能脱离主体因素，具有明显的意向性。后期维特根斯坦的"语言游戏"理论将语言与生活形式结合起来，奥斯汀（Austin, 1962）则认为语言表义的目的是为了行事，意义包含并取决于人的目的（意向），以言行事就是通过语言的意义来实现人的意义。塞尔的心灵哲学研究阐述了心灵与世界的因果联系，意向性是心灵借以内在地表现世界上的物体和事物的特征。（塞尔著、李步楼译，2006）这些理论分别从不同的角度论述了语言使用的意向性。

翻译作为跨语言信息传播的一种特殊活动，也具有意向性，是一种有目的的跨语言、跨文化的信息传播活动。翻译所译的不是语言本身，而是源发于意向的、以语言为载体的信息，即语言表述的三种信息的混合体（立体信息）。如前所述，语言表述的信息虽有一定的不确定性，但仍然具有相对的稳定性，否则信息将无法传递和解码。

人类信息传播有着目的性。根据信息传播理论，译者接收信息后再次传播给受众必然会受到信息二次传播目的的约束。由于有了人与世界发生联系的意向性和目的性，就有了译者作为信道对信息的选择和整合，继而就有了因跨语言信息传播目的（翻译目的）不同而存在对不同维度信息进行的选择性传播。既然"原文一开始就不是充分、完整、彻底和单一的"（Derrida, 1985），那么翻译是否一定要忠实原文呢？这就要看翻译目的是否要求信息在各个维度上保真。尽量保真的翻译是理想中的完美翻译，在大多数交际情景下都有着其交际和伦理价值。然而，由于不同的语言编码系统并不能与信息完全对应，往往导致信息的编码和解码不统一。编码规则所产生的社会文化语境不同，可能使信息的接收和处理出现自觉或不自觉的强化、弱化、轻化、压缩、增益。因此，译者根据翻译目的自觉地对信息进行的改译、写译、拟译、编译、节译、选译、摘译，产生了不同程度的翻译变体。相对尽量保真信息的完美翻译而言，翻译变体的存在更普遍。为理解翻译这一信息传播活动，我们可参考图1-2所示的翻译的信息传播模式。

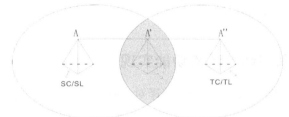

图1-2 翻译的信息传播模式

（说明：符号含义：A：源语信息；A'：译者所接收到的信息；A"：译语信息；SC：源语文化；SL：源语；TC：译语文化；TL：译语语言。）

该传播模式的含义可解释如下：

（1）A ≠ A' ≠ A"：源语信息与译者接收的信息，以及译者用译语传递的信息不可能完全等同。

（2）当翻译信息传递的目的要求信息精准时（如：谈判重要时刻，客户要求译员对对方每一个字都要尽量传递的情况），A ≈ A' ≈ A"。

（3）SL→A：信息发送者根据信息传递目的决定信息内容，通过选择SL的意义，并预期实现不同层次的语言功能进行编码，构筑了实际的立体信息A。

（4）A→A'：译者掌握着两套编码系统，利用源语编码系统对信息A进行解码时，必然会不自觉地受到译语编码系统的影响，获得立体信息A'。如果信息传递的目的要求信息精准，译者应尽量靠近原作，使用源语编码系统尽量避免译语编码系统的影响。

（5）A'→A"：译者根据第二次信息传递目的（翻译目的）对信息A'进行选择加工处理，利用译语编码系统对不同维度的信息进行有侧重的传播，构筑了立体信息 A"。这个过程中源语的编码系统也可能参与译语产出。虽然信息接收阶段，译者对信息可能产生选择性过滤，或受到个人主观因素的影响产生解读偏离，但是其解读仍然是尽量还原源语信息。翻译的社会性、意向性主要集中体现在信息的二次传递阶段，改写决策就是在这一阶段完成的。

（6）在跨语言信息传递过程中，信息的编码和解码都要受到信息本身、语言编码系统特点、信息传播者自身的语言编码能力以及信息传播的环境和目的等因素的制约。

三、翻译与动态语言功能实现

作为一种特殊的语言活动，翻译对三种信息的传递主要通过实现相应的语言功能来完成。

普通认知信息传递：借助两种语言编码系统，译者对字、词、句、篇章的选择应不给目的语读者造成认知困难，两种编码承载的认知信息量应该是相当的，除非翻译目的另有要求。当今社会是一个信息化的社会，却普遍存在信息泛滥、信息污染，为提升认知信息传播的效率和质量，大量对信息不同程度的加工处理应运而生，从而也催生了传统翻译意义上的各种变体：变译。

社会规约交际信息传递：人的交际活动必然遵守其所在文化的社会规约。一方面，社会规约对语言编码产生影响，为保证信息接收方的有效输入，交际信息的翻译应该采用目的语文化规约对源语信息进行二次编码。这也是为什么中国要申请奥运会，申奥的文件就必须按奥委会的标准和隐含约定进行撰写，否则很难达到交际目的。"How do you do?"产生于英国工业革命前，家庭手工作坊普及，家家户户见面打招呼时都互相询问生产情况，因此它不是一个简单的问句，而是承载了相互寒暄的功能。而汉语中的寒暄语"你吃饭了没？"，"你去哪呀？"可能会造成译语读者对源语文化认知上的误解，因此在目的语转换中我们为区别本土招呼语，将之翻译为"你好！"或"近来可好？"。

另一方面，由于交际主体权力的不平等，权力话语者如社会组织对人的作用力也会体现于语言，语言再反作用于世界发挥其社会功能。大量的政治用语、行业或社会组织用语尽管可能造成读者认知上的负荷，翻译中可能也不得不保留其特有的语言形式。

审美信息传递：文化、价值观、艺术的不同表现形式等都会影响审美信息的理解和传递。文学语言本身就是语言的创造性使用，人们内心对艺术世界的追求通过语言进行传递，具有超出语言意义本身的独特艺术价值，该信息能否被同族人完全理解和欣赏尚且要打上问号，更何况身处另一文化、另一语言体系的异族人呢？意识流作品的传播就曾经遭遇了这样的困难。审美信息的传递需要借用目的语文化的语言审美规则，但是如果源语言所传递的艺术境界在目的语文化中并不存在类似的艺术表现形式，那么，是直译还是意译就会受到主流诗学作用下译者主体性的影响。

同一类交际环境下，翻译需要实现的语言功能层次通常会显示一定的共性。以下交际环境中语言功能的动态分布通常会呈现一定的层次性（从左到右表示从低到高的层次，虚线表示非固定的次序）。

外事翻译：认知功能 ---- 社会规约交际功能 ---- 审美功能

科技翻译：认知功能 ---- 社会规约交际功能 ---- 审美功能

文学翻译：认知功能 ---- 审美功能 ---- 社会规约交际功能

法律翻译：认知功能 ---- 社会规约交际功能 ---- 审美功能

然而，即使在同一交际环境下，因信息传递意图可细分成不同的子意图，语言功能的配套也会动态变化。比如外事翻译中，有时宾主为了建立友好的气氛，在寒暄中使用幽默，其语言体现的功能层次则可能变成"认知功能 ---- 审美功能 ---- 交际与社会规约功能"。文学作品中的人物对话主要凸显的可能是语言的交际功能，但是，如果文学翻译发生在特定的历史时期，如"五四"期间的一些译作更凸显了语言的社会功能，以便引进国外先进的知识和理念，达到以学术和文学救国的目的。

文学翻译中更注重语言审美功能以传递艺术审美信息，由于两种文化的审美信息有不同编码系统，翻译可能需要大量改写。但是，如果作品本身的语言已经完全艺术化，造成了源语符号与意义的分离，翻译过程中可能会更关注直译，以保存语言的艺术形式。外事翻译中，译者的交际意图往往更注重维护主权和民族尊严，多考虑的是语言社会功能的实现。如果翻译目的要考虑语言的社会功能，大量的中国特色英语（China English）就会被通过异化翻译的方法保留下来，这些中国特色的英语肯定会对西方读者带来认知障碍。因此为满足译入语言的认知功能，可以在读者易产生费解和歧义的地方予以注释，或采用其他辅助认知手段。如"八荣八耻"可以直译加注释"the eight-honor and eight-shame outlook（the socialist outlook on honor and shame）"。如果异化策略不妨碍译语的认知功能，可以直译，如"爱国统一战线"译为"patriotic united front"。

四、语言的意义与翻译信息的传递

与钟义信教授（2004）提出的包括语义信息、语法信息和语用信息在内的全信息不同，我们所讨论的立体语言信息突出的是人与世界的联系，凸显的是语言建构的信息的三个维度。语言传递出来的信息的外延远远超过语言所表述的意义。人对世界的认知，与人的交往以及对艺术世界的追求都形成了信息，而信息只有通过选择具体的语言意义，并结合语言规则，借助语言形式才能顺利完成信息编码。我们接收信息时也需要通过理解语言的意义完成这一信息传递过程。但是理解了语言的意义并不代表着理解了信息的全部，信息是多维的、立体的，而意义只是体现了信息的一个或几个方面。

系统功能语言学认为，语言可同时产生多层意义，表达不同的纯理功能，从而组成一个句子的整体意义。语言的多层意义被系统功能语言学家们称为语言的三个元功能：概念功能、人际功能、语篇功能。这三个元功能存在于语言的各个层面：词、词组、小句和语篇中。（张美芳，2002）笔者认为，这里提到的语言元功能与本章提到的信息传递中需要实现的语言功能是不同的。我们所讨论的语言功能是语言承载不同信息而对人和世界产生效应的区分，而元功能主要针对的是语言本身的最基本纯理功能。两者存在一定交叉的地方：元功能中的概念功能可以对应认知功能，人际功能对应交际功能，而语篇功能则是语言的工具功能。将语言形式与语境结合起来，语言使用者能借助语篇功能完成交际、认知、审美功能，语篇功能和我们所说的语言作为客观实在反作用于世界（语言效应）不在一个层面上。

信息传递的三个维度都要借助语言的意义来实现，但对意义的依赖程度不一样，这就使得三大语言功能的实现对语言意义的依赖也不一样。在信息的编码端，信息选择意义；而在解码端意义传递信息。编码和解码的不同步造成了信息的冗余、衰减和失真。从这个意义上来讲，所谓完美的翻译，将几个维度的信息精确传递只可能存在于我们的理想假设之中。翻译应该关注语言的意义，但仅仅关注意义是不够的，还应该借助各个学科的发现，了解实现三大语言功能的语言规则，帮助我们更好地根据目的选择性地传递信息。

不同的语言哲学观影响了人们对于翻译本质的认识。从宇宙构成的三大基本元素之一——信息的角度来考察语言的本质，我们发现，语言实际上是人为了联系世界（包括个体、社会组织、自然世界、普通认知世界、艺术世界等）而创造和发展出来的一种工具。人与世界的联系状态和方式表现为信息，人与世界联系的动力在于人的意志，因此语言活动归根结底是一种有目的的信息传播活动。翻译活动属于语言活动的特殊形式，跨越两种不同的语言，连接两种不同的文化，就本质而言也是一种目的性的信息传播。基于语言传递信息的多维立体性和翻译所涉及的各因素的影响，翻译这一范畴涵括了多种跨语言和跨文化的信息传递形式。杨自俭教授（2008）把翻译看成是原文和译语创作之间的一个集合：$T = \{ t1, t2, t3,..., tn\}$，其中 T = Translation，t1 为最接近原文的翻译，tn 为最接近译语创作的翻译，t2、t3 为各类翻译变体。

通过对翻译本质的探讨，我们对于翻译的可译性以及翻译到底译什么就有了新的认识：翻译译出的是源语传递出来的、服务翻译目的的立体信息。基于此，翻译的本体研究从传统意义上的全译扩展到了变译。翻译本体研究将继续结合不同学科，探究在音、字、词、句、篇、艺术形式等方面存在哪些语言规则，能帮助我们实现不同的语言功能以传递不同的信息，针对不同的信息制定相应的处理策略，以期能达到预期的翻译目的。

第二章 基于语言功能动态分布的文化翻译策略

　　语言和文化是翻译无法回避的两个基本要素，两者的关系你中有我，我中有你：语言是文化的载体，文化主要通过语言来承载和传播，文化不能离开了语言而单独存在；同时，语言又是文化的组成部分，其存在和发展跟文化息息相关，并反过来影响和塑造文化，对文化的发展具有促进作用。翻译的三个属性，即语言属性、文化属性、交际社会属性，正好印证了翻译研究发展的三个主要阶段：语文学阶段、语言学阶段和多元理论阶段（以翻译的文化转向为标志）。虽然翻译研究的文化转向出现了泛文化倾向和文化决定论，在得到肯定的同时也广受质疑，但是翻译的文化属性是无可否认的。我们反对文化决定论中语言与文化的二元对立，试图从语言功能的角度重新探讨文化翻译的原则和策略，回归翻译的本体研究，希望这一努力能给翻译研究的文化范式带来一定的思考。

　　回顾翻译史，译者对翻译中文化的处理经历了三个阶段："第一阶段是不自觉的译语文化取向，第二阶段初识化差异，尝试解决办法，第三阶段是翻译研究中鲜明的文化意识。"（蔡平，2008）翻译研究文化意识的觉醒带来了奈达的结构主义归化式翻译观、费米尔和诺德等人的功能翻译论、佐哈的多元系统论、韦努蒂的意识形态决定论、操控学派、女性主义、后殖民主义等诸多流派。翻译中有关文化处理的策略基本集中在归化、异化的讨论上，自 1995 年韦努蒂提出归化异化的概念以来，当前译界已经达成了共识："归化和异化除了排斥性和对立性之外，还有兼容性和并存性，其选择受一定因素的影响。归化、异化的研究重点从关注翻译内部，如语言、文体、风格等如何进行归化异化转换这种提供翻译技巧的规定性指导探讨上，逐步拓展到对翻译外部，如翻译与社会、政治、意识形态等大文化如何发生互动的一种描述解释性研究上来。"（孙红梅，2007）

一、文化翻译的本体研究有待深入

虽然翻译理论在文化翻译研究上向外延扩展是进步也是必然，但是文化翻译的内部研究还有待深入。目前各理论流派仅从一个视角解释了翻译的文化策略，不能涵括所有的文化翻译现象。

比如，异化理论的代表韦努蒂从反对文化殖民主义的角度提倡目的语的风格和其他方面应刻意突出原文之"异"，表达翻译中语言上和文化上的差异，建立一种新的翻译传统，但是却忽略了翻译的现实性和目的性。实践中出于翻译具体要求（包括翻译的发起人要求、译者的目的和译文读者的要求与期待等）的需要，译文功能可能与原文功能并不相同，翻译的目的性要求译者根据目的采用归化或异化策略。可是，目的论主要以译语读者为中心，不利于多元文化的交流，对文本的简单归类并不能综合考虑交际语言的复杂性。而"操控论者找到了翻译的制约因素，但这是决定'译蜕变为非译'（从改写到操纵乃至伪译）的因素，而不是决定'译之所以为译'的因素"（赵彦春，2005）。

以尤金·奈达为代表的归化论主张译者从各种译法中挑选最接近原文效果的译法译文，做到"功能对等"。但是"功能对等"一方面很难考量，另一方面又无法体现权利力量对文本的操纵、后殖民主义以及女性主义女权意识的觉醒。

这些文化翻译观都为深入了解文化翻译打开了思路，扩宽了视角。人类认识世界是一个螺旋式上升的辩证过程，随着视角的增多，人们认识的增加，是时候站在另一个角度更全面地思考问题了。那么，有没有观点能尽量解释所有的文化翻译现象，涵括不同的文化翻译视角？关于归化、异化的探讨可否上升到适用标准或原则层面？

二、语言动态功能与文化翻译

既然现有理论无法诠释所有文化翻译现象，那么我们应该从哲学思想中汲取智慧。哲学中最令人意外也是最精彩的思考就是回归事物本质解决相关问题。第一章论述了翻译的本质是一种人类意向性的跨语言立体信息传播活动，这一翻译本质观也同样适用于文化翻译。

如前所述，语言信息有三大维度：认知信息、社会规约交际信息、审美信息，翻译传递的是意向性的立体语言信息。文化翻译中，文化因素的差异会不同程度地体现在语言信息的三大维度上。

认知信息差异：由于地理、生活习惯、宗教、历史等各种原因，表达某一概念的文化负载语句在另一文化中可能并无对应。例如，Hippie 在中国文化中并不存在。或者表达同一概念的语言符号在两种文化中产生的文化联想并不相同，比如：中国文化中的"醋"在英语文化中很难同 jealousy（嫉妒）联系起来；而 liberalism 的译文"自由主义"在两种文化中的褒贬感情色彩并不相同；英国用夏天的宜人来形容女子的美好也很难为赤道国家的人所理解。

社会规约交际信息差异：一定地域范围里的人为了社会共同生活的需要，在社会互动过程中形成了约定俗成的规约，由人们或隐或显共同遵守并施行，语言交际也不例外。中国的作者在著书立说之后免不了提及"水平有限，书中欠妥及谬误之处在所难免，敬希指正"。这种过谦直译过来在英文中恐怕很容易引起误解，不如"We would appreciate if you could spare some time to provide constructive feedback and comments."更符合该场合下的英文交际表达。

审美信息差异：文化不同，语言传递出来的审美信息也不同。例如英文重语言简洁，而中文多用叠字排比，旅游招商会上的开幕词"中华大地，江河纵横；华夏文化，源远流长……"翻译成"The divine land of China has its rivers flowing across; the brilliant culture of China has its roots tracking back long ..."在以英语为母语的外国人听起来可能不知其所云，略嫌夸张了。

文化翻译中文化异质因素在语言信息三大维度上会投射出不同程度的差异，翻译本质的分析使得我们弄清楚了文化翻译应该处理的问题，即文化翻译策略应该解决文化差异造成的语言信息三大维度上的差异。如果我们要求忠实的翻译或完美的翻译，那么译者应该在源语和译语所传递的立体信息的三大维度上求得最佳近似度。然而，处理这三大信息维度的差异是否应该把它们放在同等重要的位置？

任何语言活动都是具有意向性的，源语发出者和译者都通过语言来实施各自的意图。无论作者还是译者，其语言交际行为的实现必须预判语言信息的三大维度对信息接收人所产生的影响，即通过选择语言形式实现一定的语言功能。语言到底有哪些功能？韩礼德（Halliday, 2000）分析了儿童语言的主要功能：工具功能，指儿童使用语言来获得所需要的东西；调节功能，指儿童使用语言来控制他人的行为；交往功能，指儿童使用语言与周围的人交流；表现自我功能，指儿童通过语言表达自己的独特性，希望引起别人的注意；启发功能，指儿童使用语言来探索周围世界，弄懂为什么是这样或那样；想象功能，指儿童使用语言进行表现、创造；表达功能，指儿童用语言向别人传达信息。奈达（1969）认为语言功能主要有：表达功能、认识功能、人际关系功能、信息功能、祈使功能、司事功能、表感功能、美学功能。在第一章我们将语言功能分为了三大类：语言是人与世界（包括物质世界和心智世界）、人与社会、人与艺术世界的纽带，在这种相互联系中主要实现三大类功能：对世界包括自我心智世界的认识——认知功能；与社会的联系——社会规约交际功能，其中交际功能更多体现个体主体之间的关系，而社会规约功能则体现人与社会集团之间的关系——社会功能，因为个体、主体之间的关系也受到社会规约的限制，因此这里将社会规约功能和交际功能合在一起；追求完美的艺术世界——审美功能。

语言的各项功能不是彼此分割、相互对立的，而是动态共存的。因交际意图不同，受交际环境的限制，各项功能会动态地凸显自己不同的地位。也就是说，不同的交际意图（包括各项子意图）、不同的交际环境（包括交际者本身）会造成语言各项功能的动态分布。

语言功能的动态分布是有规律的。语言的三大功能中以认知功能最为基础，只有在顺畅认知的基础上才有可能实现语言的社会规约和交际功能、审美功能。但是这一规律却并不是绝对的，语言功能最终要服从于信息传递目的。在某些文学作品中，如果作者希望传递的是由艺术语言创造出来的艺术世界，那么语言的"求真"认知功能甚至都可能放在审美功能的实现之后。同样是交际信息，人与人的联系如果区分了平等主体和不平等权力关系，基于权力的不平等，语言的社会功能往往被置于交际功能之上，审美功能可能最后考虑，成为语言使用的最高层次。比如合同语言更强调社会对合同双方的规约力，因此合同语言的社会规约功能将得以凸显。如同美国社会心理学家马斯洛的需求理论，人有从低到高的生理、安全、社会、尊重和自我实现需求，人类传递信息的目的不同，各个维度的信息内容就会不同，信息传递所使用的语言功能的实现也会呈现出层次性：总是先满足最基本的功能，再满足更高层次的功能。

各项功能虽然分层次，却是共生的。虽然此涨彼落，它们的实现总是交织在一起，相辅相成。低层次到高层次功能的顺序也不是完全固定的，但基本趋于稳定（见图 2-1）。

图 2-1　语言功能动态分布图

另外，由于语言使用受到了多种因素的制约，这些功能的实现不是绝对的和彻底的。针对译者最后确定的翻译意图[1]，译者适用关联—顺应理论顺应具体的交际语境（包括文化这个大环境）和交际对象，通过选择不同程度地完成各项语言功能，选择译语形式来最大程度上实现交际目的，达到最佳交际效果。

三、文化翻译策略：异化、介化、归化

既然翻译与语言功能的实现紧密相关，文化翻译所采用的策略也需对应相关的语言功能。翻译中文化的处理其实是一个文化选择的问题，我们

---

[1]　这里的翻译意图指的是译者考虑了自身意图、作者意图与社会力量如赞助人、出版商等意图要求最终做出的决定。

也可以从管理学中（跨国公司的全球文化管理策略）获得启发：跨国公司的全球化运营遭遇文化冲突时，多采用以下三种策略进行有效管理：

（1）本土化策略：跨国企业雇用相当一部分当地职工，以东道国当地文化管理公司。

（2）母国文化策略：母国企业把母国的企业文化全盘移植到东道国子公司中。

（3）文化相容策略：不采用母国或东道国的文化作为子公司的主体文化，而是发挥这两种文化之间的互补性，让它们同时用于公司管理。

本土化策略（localization）可以看作翻译中的归化（domestication）策略，母国文化策略（globalization）则是异化（foreignization）策略，文化相容策略（glocalization）可以视作"介化"策略（mediation /forestication）。

所谓介化策略，是指充分发挥译者的主体性，将两种文化的优势综合提炼出最佳组合，既保留部分源语文化的特色，又易被译语文化接受。介化策略是基于异化和归化之间的妥协策略，也是文化翻译策略两极的一个平衡。

其实，无论是异化、归化还是介化，文化的交流和融合会让原作的文化内容通过译语的形式慢慢为读者接收。一旦原文所指称的对象为人们接收了，归化的译语可能逐渐被异化的译语替代，比如说 UFO 最初人们译成"不明飞行物"，现在人们也经常直接提到"幽浮"或"UFO"了。当初异化的概念，比如"时间就是金钱"，本不存在于中国人的传统观念中，但随着市场经济的深入，人们似乎早已忘记了这是一个外来的观念。因此，文化融合的进程造就了动态的文化翻译策略。我们生活中还有一些耳熟能详的例子："蜜月旅行"、"丁克家庭"、"鳄鱼泪"等等，我们似乎快分不出到底它们是归化还是异化的结果了。

四、异化、归化适用标准

异化、归化或介化都是翻译可以运用的策略，如辜正坤（2004）在《翻译主体论与归化异化考辩》中提出"翻译标准多元互补论并不认为每一种标准在任何时候都是同等重要的。在特定的时代和场合，相对于不同接受对象和译文发挥的特定环境，某个或某类翻译标准可以是标准，其他标准则是辅助性次标准"。在当今全球经济一体化而文化多元化的时代，因归化策略容易造成源语文化误读，实质是用译语文化的标准损害了原文化，有碍于多元文化交流目标的实现，因此在考虑文化翻译策略是否有利于各项语言功能实现时，我们应优先以异化策略能否实现各语言功能来考量。由于介化策略是异化和归化策略相互较量的平衡和折中，这里讨论文化策略的适用时，我们先只讨论两极——归化和异化。下表所列归化、异化的适用标准全部都是建立在异化标准能否实现动态语言功能分布基础之上的。表 2-1 是异化、归化的适用标准，表 2-2 是异化、归化、介化对应的翻译方法，表 2-3 给出异化、归化、介化在各个语言层次上的应用。

表 2-1　异化、归化的适用标准

语言功能	影响因素	异　　化	归　　化
认知功能	文化距离译者与读者的认知层次	异化策略不产生认知歧义和认知障碍。如："as poor as a church mouse" 译作"穷得像教堂里的老鼠"	异化策略导致认知歧义和认知障碍。如"成事在人，谋事在天"就最好归化译成"Man proposes, nature disposes" 而 不 是"god disposes"；"前不见来者"应该是"look backward"
交际功能	作者意图、译者意图、文本类型、权利距离、读者层次、交际习俗	异化策略不阻碍交际并且有利于实现交际目的或翻译目的。如"女儿茶"译成"daughter tea"可负载送礼人送礼时的情感表达	异化策略阻碍交际目的或翻译目的的实现。如广告手册中的"配上唐装淡妆浓抹总相宜"简译成"Tang suit fits anyone."
社会规约功能	意识形态、权利距离、话语权力	异化策略能为译入语的社会功能服务。如：无产阶级知识分子先驱译介马克思主义经典	异化策略与译入语的社会规约功能可能产生冲突。如："game theory"如果直译为"游戏理论"，不太符合国内学术文化对理论命名注重权威性的规约，译作"博弈论"更符合中国学术术语规范要求
审美功能	作者、译者、读者、赞助者的审美观、诗学观，译者的翻译观和语言能力	异化能为译文读者接受并能产生审美效果，如"miniskirt"译作"迷你裙"	源语所蕴含的文化信息不产生审美联想和效应，宜采用归化原则。如"挂羊头卖狗肉"译作"Cry up wine, sell vinegar."

表 2-2 归化、异化、介化对应的翻译方法

翻译策略	翻译方法
异化 （foreignization）	不译，直接用源语或缩略语："加入 WTO"，"GDP 的增长"，"发 Email 给我" 直译：Shed crocodile tears（掉鳄鱼眼泪）；A cat has nine lives.（猫有九命） 音译：party（派对）；cheese（芝士）
介化 （formestication/ mediation）	直译＋注释：a bed of nails（钉子床，苦行者或忏悔者用来磨炼自己的工具。） 音译＋注释：Rococo（洛可可式，18 世纪欧洲的建筑艺术，浮华精于雕琢。） 音译＋意译：Tide（汰渍）；B-B cream（B-B 霜）；炒杂碎（chopsuey）
归化 （domestication）	省译：中译英翻译中常将许多四字结构重复内容省去不译 意译：青天（upright and impartial judge）；You chicken！（你这个胆小鬼！） 改译：香港演艺学院用粤语演出的《窈窕淑女》对萧伯纳的名剧《卖花女》进行了成功的改编／翻译，是译者根据原作的模式进行的二度创作 借用：a flash in the pan（昙花一现）；One swallow does not make a summer.（一木不成林／一花不是春／一燕不成夏） 功能替代法：白如雪（as white as frost，如果该语言中空缺"雪"这一词汇）

表 2-3 归化、异化、介化在语言中各个层次的适用

语言层次	适用情况
词汇	词语是最小的表意单位，多用异化策略，可根据其使用语境中语言动态功能的动态分布，采用表 1-1 中的标准进行适用
成语、俗语	文化意义疏离度大的宜多采用归化或介化策略
句法	句法涉及语句的通畅性，有固定规约，应以归化、介化策略为主
篇章	篇章更多涉及语言的交际和审美功能，多采用归化、介化策略
修辞	修辞多涉及语言的审美功能，有较强的文化性，多采用归化、介化策略
观念意识	不与主流意识形态冲突的多异化，与主流意识形态冲突的根据翻译任务要求实现的语言的社会功能来确定

五、各交际语境中的文化翻译举隅

外事翻译中，译者的交际意图是维护主权和民族尊严，多考虑的是语言社会功能的实现。由于原作的话语权强势，译者通常对源语不敢擅自改动，唯恐意义有误，多采用异化原则，尽可能保留源语文化特色，因此

我们可以见到大量的中国特色英语（China English）。这些中国特色的英语可能会对西方读者带来认知障碍，因此，为满足语言的认知功能，在读者易产生费解和歧义的地方予以注释，或采用其他介化手段。如"五讲"（讲文明、讲礼貌、讲卫生、讲秩序、讲道德）：The Five Merits focus on decorum, manners, hygiene, discipline and morals. "四美"（心灵美、语言美、行为美、环境美）：The Four Virtues are golden heart, refined language, civilized behavior, and green environment.

科技翻译中体现的多是认知信息的传递，因此以实现语言的认知功能为第一要义。科技文本中很多词汇在另一种文化中常常存在空缺，译者在译语文化中找不到对应的词汇甚至是所指，那么为引进文化，提升人们对新事物的兴趣，异化策略便充当了旗手。我们见到很多音译的外来词便是为了在交流时能与国际接轨。音译是异化的表现，但是不易理解又难记的音译是没有生命力的，过去很流行的英特纳雄耐尔（international）、德谟克拉西（democracy），这些异化而来的词语在汉语里一度十分流行，随着人们对该名词的不断理解和接受，也逐渐分别被"国际"、"民主"所取代。因此科技翻译虽然提倡异化但却要避免过度异化，所以介化策略使用频率很高。同时，学术翻译中也常见有学者注重学术修辞，这里修辞效果的取得应该强调以保证认知为基础，兼顾修辞效果，因此对修辞手段多采用归化策略。例如书名《精神病学的过去、现在、将来》，如果采用归化修辞的翻译策略，将原文双音节词并列带来的音和义的韵律感通过英文头韵的方式译成 *Psychiatry: Past, Present, and Prospect*，也会产生较好的效果。

文学翻译中更注重语言的审美功能，在保证认知功能的基础上，通过异化扩展读者的审美视界是无可厚非的。文化的相容性，人类对美的感受的相通性都使异化策略的采用成为可能。孙致礼教授在 2003 年出版的《再谈文学翻译的策略》中从文化交流、读者审美期待、汉语的丰富三个角度肯定了文学翻译中以异化策略为主的观点，我们赞同这一观点。文学语言常常是语言的创造性使用，其追求的艺术境界有时甚至会将语言形式与意义进行分离，本雅明（Walter Benjamin）提到的真正的文学作品通常可以归属为此类，这也就是为什么他提倡直译文学作品向纯语言靠近的原因之一。艺术存在的价值往往在于其异质性，我们首先应考虑异化策略，保留文学作品中异质的成分。但是，由于读者的认知和审美受读者所处文化的制约，文学翻译中仍然有相当多的部分需采用介化和归化策略。例如："Mr. Kingsley and his Red Brick boys will have to look to their laurels."如果采用完全异化的策略"金斯利先生和他的红砖孩子们必须照顾他们的桂树"，这会让人莫名其妙。对于两个带有浓厚文化色彩的词组"red brick boys"和"look to their laurels"，前者的意思是非名牌大学（名牌大学建筑多由历史悠久的石块构成），后者指的是"小心维护已有荣誉"的意思。前者加入注释理解困难不大，可以采用介化策略翻译；而后者照看桂树和维护荣誉之间好像很难架起认知的桥梁，因此宜采用归化的策略，最后翻译成"金斯利先生和他的二流红砖大学的学生们（因为英国名牌大学的建筑多用石块构成，故红砖大学即非名牌大学）得小心翼翼地保持他们已有的荣誉"（何佳宁等，2009）。

另外，应用翻译强调的是语言的交际功能，如大量的经贸公文就有其特殊的语域特征和文体规约，如果译文不合对应的文体规约，就很可能破坏公文的严肃性和权威性，不利于交际目的在译入语环境中实现。最典型的例子是如果投标书形式不符，它在第一轮形式审查中就可能被淘汰。因此，应用翻译的文化处理在异化策略不能满足交际功能实现时应采用归化策略。

六、基于动态语言功能的文化翻译与功能翻译理论

功能翻译理论学者玛丽·斯奈尔-杭贝（Mary Snell-Hornby）曾将语言功能与文本类型结合。但是，功能翻译理论的代表学者无论是赖斯、纽马克（Peter Newmark）、费米尔还是诺德，他们更主要讨论的是文本类型与翻译的关系，注重文本功能在翻译中的作用。然而，他们对于文本的划分过于简单而且并不清晰，而且还忽视了一个重要问题：语言的不同功能是共存的，即使是同种类型的文本也需要同时体现好几种语言功能，只不过某项功能可能更为突出。交际语境不同也会导致同一类型文本需要实现的语言功能层次发生改变，同一交际环境，交际目的细化也可能造成功能

层次发生调整。译者根据翻译目的（包括整体目的和细化子目的）决定不同程度地实现这些语言功能，而不是针对单一的文本类型或翻译目的就能做出最准确的判断。仅仅考虑译文文本功能和翻译目的容易忽视源语和译语需要同时不同程度地满足几项语言功能才能达到交际意图。再者，"功能翻译理论更多的是以译文读者为中心，以实现译文在译语文化环境中所期望达到的一种或几种交际功能为目的和出发点，策略上归化趋势明显"（贾文波，2004）。由于着眼于具体的翻译目的，忽略了当今时代赋予译者的社会责任和语言的社会功能，因此该理论对于文化翻译的论述是有偏颇的。

而回归语言功能思考文化翻译原则不仅考虑了翻译目的，同时也考虑了实现翻译目的的具体途径，提醒译者在文化翻译过程中应将语言中的认知、社会规约交际、审美因素结合起来考虑，应根据各功能实现的层次，采用关联—顺应理论在具体语境下选择最佳译语。因为先采用异化策略看各层次功能的实现，所以也避免了翻译功能派偏妥译语文化的倾向（至于强势文化译入弱势文化，弱势文化要保护其本土文化可以制定相应的语言政策，作用于翻译目的）。不仅翻译的本体研究将继续关注语言在字、词、句、篇、艺术表现等方面的语言规则如何对应各项语言功能，同时借助于语言功能，文化翻译的处理不再是一个个案问题，归化、异化的适用变得清晰起来，有了相对统一和便于操作的原则。

第三章 翻译社会学视角下
文化外译研究体系的建构 *

国内文化翻译研究的热点问题之一是"中华文化走出去"的文化外译研究，然而翻译学中有关外译的专门研究才刚起步，尚没有占据主导地位。一个国家有意识地传播自身文化并组织大规模外译必须建立在一定的经济基础和物质技术条件之上，因此，历史上除了宗教组织的大规模对外传播，以及强国为了展示国力、施行大国怀柔结盟政策较多涉及外译，翻译学研究更多的是文化引进翻译。只是近期随着全球一体化进程的推进，各国逐渐认识到自身文化身份和文化软实力的重要性，在外译实践活动不断增加的同时，外译研究才开始受到广泛关注。

从狭义上理解，文化外译活动是将本国文化形态和产品通过目的语这个媒介向目的语国家进行传播的活动。从广义上看，由于语言与文化的不可分，所有外译活动究其实质都是一种社会文化的交流活动，因此，一切外译活动均可以视作文化外译活动。我们所说的外译从文化交流的流向来看属于对外文化输出翻译，即将本国文化符号转化为目的语文化符号的社会交际活动（另一种为对内引进翻译）。当然，如果从建设文化软实力和

* 本章主要内容系 2012 年广东省高等院校学科建设专项资金人文社会科学重大攻关项目"岭南文化精品外译研究"（2012ZGXM_0008）以及中央高校基本科研业务费专项资金中南财经政法大学青年教师创新项目资助（31541110201）的阶段性成果，发表于《外语研究》2014 年第 3 期，作者与仲伟合是该文的共同作者，收录本书中的内容得到了第一作者仲伟合的认可。

国家的对外文化政策重点来看，外译研究的重点主要集中在文化形态和产品的传播上。

随着国家文化战略重点聚焦中华文化的对外传播，文化外译的研究不断升温，外译实践的发展和创新亟需理论上的引导。从学科良性发展的角度来看，目前我们迫切需要建构出一个科学的研究体系，梳理已有的研究成果并引导进一步的后续研究。

一、文化外译与翻译社会学

（一）文化外译研究

受其所属翻译学科研究的影响，外译研究沿袭了本学科的传统。以"外译"、"对外翻译"、"中译外"、"中译英"等为主题词在中国知网上搜索与外译相关的研究文献，结果表明外译研究主要集中在外译产品和过程的微观研究，研究议题多为外译原则、语言转换、文化转换、翻译策略、外译规范、不同文体的对外翻译、个案翻译研究、外译批评、外译译本比较、外译教学等。不到5%的宏观研究主要集中在外译与对外文化传播的关系、某一历史时期的外译活动研究、行业动态、翻译出版、整体研究综述等方面。这一调查与张威2011年所做的《中译外调查与分析——提高中国文化对外传播效果的一项基础性工作》结论一致。外译研究中"缺乏对中译外整体的过程性研究，如没有对材料选择、译者性质、翻译程序、接受效果等关键性宏观影响因素进行全面而深入的考察与分析"。

2011—2013年的外译研究尽管在发文数量上较2010年及以前有了绝对的增加，研究的内容更加细化（广泛涉及典籍、传统文化、历史文化、少数民族文化、文学、音乐、体育等内容），视角进一步增加（如生态学、传播学、伦理学、社会学视角），但是学者们的研究视野仍然主要集中在研究的微观层面，侧重个案研究。虽然翻译史的研究相对较多涉及宏观层面，比如魏清光（2012）的博士学位论文有一节专门涉及了改革开放以来的中译外活动，但该研究更侧重的是整体翻译活动的社会运行机制，外译研究的宏观层面以及大规模的实证仍有待深入。

从研究的主题、研究的层次上我们看到现有的研究还很难形成一个完整的体系。由于外译活动是多层次的实践活动，牵涉的主体大到国家、国际组织，小到个人，广泛涉及政治、经济、文化领域各种错综复杂的关系；我们应该系统、全面地认识外译，有必要对之进行宏观、中观、微观层面的研究。目前的研究从系统的角度来看存在严重失衡，主要缺失的是宏观和中观层面。

（二）翻译社会学

20世纪90年代兴起的翻译社会学将翻译视作社会实践活动，考察翻译的社会功能以及其与社会的互动关系。其将翻译放入社会文化大背景之下的研究对于我们补充外译研究的不足是大有裨益的。

翻译学与社会学的交叉带来了社会翻译学或翻译社会学两个方向。我们所理解的翻译社会学是将翻译视作研究客体，研究翻译生产、传播、消费和接受过程中与社会的互动关系、社会制约因素及其社会机制的跨学科研究。

自1972年詹姆斯·霍姆斯最早提出翻译的社会语境化问题之后，直到20世纪90年代，翻译社会学研究才得到了学者们的充分关注。翻译社会学的社会学理论基础主要是布迪厄（Pierre Bourdieu）的社会实践理论（social praxeology）、拉图尔（Bruno Latour）的行动者网络理论（actor-network-theory）和卢曼（Niklas Luhmann）的社会系统理论（social systems theory），当然也不排除能为翻译研究提供研究视角的其他社会学理论比如马克思（Karl Marx）的社会生产理论和法国社会学家贝纳·拉易儿（Bernard Lahire）的文化社会学理论等等。

翻译的社会学研究范围非常广泛，大体上可以分成相互依存、相互联系的四大部分：翻译的社会历史研究、翻译的社会文化研究、翻译的社会机制研究和翻译的产业化研究（郭建辉，2009）。沃夫（Wolf, 2007）根据近年来翻译社会学的缘起、发展历程和理论来源将翻译社会学划分为行动者社会学（sociology of agents）、翻译过程社会学（sociology of the translation process）和文化产品社会学（sociology of the cultural product）。

（三）翻译社会学视角下的文化外译研究

翻译研究的文化转向虽然扩大了翻译研究的范围，提供了解构性和跨学科方法论，但是文化研究派突出的是文化在翻译中的地位，更感兴趣的是文本意义的不确定性和文本背后的不平等现象——操纵，却"并未强调文本从何处来到哪里去的问题，缺乏对文本生产者、生产过程、产品的社会性方面的关注"（胡牧，2011）。翻译的社会属性、翻译服务社会的功能以及翻译活动离不开整体社会环境，使得翻译研究回归社会。这是人类整体认识事物研究模式的必然，翻译社会学的出现也是翻译学学科成熟和发展的必经之途。

一般而言，翻译研究有本体研究和外部研究之分。学者们将翻译的社会学研究归入翻译的外部研究本无可置疑，但如果斩断了翻译与其自身出发点（翻译是人类的一种社会实践活动，服务于社会）和其所处环境的联系，仅仅从结构主义视角将翻译文本看作自足实体来研究，其研究的成果无异于实验室条件下或真空状态下产生的结果，可能是有局限性的甚至是虚假的。在布迪厄看来，若将关于社会的科学理解为一个二维的关系体系，既包括各群体或阶级间的权力关系，又包括它们之间的意义关系，则必然会产生一种双重解读。他倡导"将各种文化产物与生产这些产物的特定场域相联系，既拒绝纯粹的内在解读，亦反对将它们直接化约为各种外在因素"（布迪厄，1998）。外译研究也是如此。外译的本体研究固然不能忽视，然而，不将外译研究置于全球化语境以及其他相关学科如哲学、社会学、人类学、传播学、产业经济学等学科的关照下，外译研究的结果将是封闭式的自问自答，拒绝多方透视的一孔之见，必将悬浮于其赖以生存和发展的环境土壤。

布迪厄的研究方法也值得外译研究借鉴，他主张"方法论上的关系主义"，强调"关系的首要地位"（布尔迪厄[1]、华康德，2004），在具体的研究方法上，"用特定的方式将相关的材料联系起来，使这些材料能够作为一种自我推进的研究方案来发挥作用，这一研究方案可以产生易于给

---

[1] 法国社会学家 Pierre Bourdieu 的名字一般译作"布迪厄"，也有译作"布尔迪厄"。

出系统性答案的系统性问题"（布尔迪厄、华康德，2004）。因此外译实践中各种主客观因素之间相互影响、相互转化的过程和规律都可以通过本体论、认识论、价值论、系统论、历史论等方法，运用各种理论工具比如"惯习"（habitus）""场域"（field）、"资本"（capital）、"行动者"（agent）、"社会网络"（social network）、"社会系统"（social system）开展不同层次的外译研究。

二、文化外译研究对象的层次与研究体系

翻译社会学的启示无疑为外译研究扩大了研究视野，增添了新的研究内容并引介了新的研究方法。基于这一理论视角，我们可以从宏观、中观和微观三个层面来构建外译研究体系：宏观层面从整体认识外译，将外译视作社会活动，研究外译系统与其他社会系统的联系；中观层面将外译视作社会活动中的文化再生产活动，结合外译自身的属性与社会宏观背景，主要考察外译系统的子系统构成及其自身的运作机制；微观层面将外译作为文化活动中的语言交际活动，以外译为研究对象进行分解，着重关注外译活动的具体操作。

（一）外译宏观研究

外译的宏观研究应能从整体上和系统论的角度考察外译与社会各因素的互动关系，将外译活动放到世界文化再生产系统中去考察，放到特定社会历史的大背景中去考察，要能够以发展的眼光认识外译实践的动态规律。外译宏观研究可以以其他学科为视角进行整体认识，比如外译的伦理性、外译的生态学阐释等。宏观研究不仅可以考察外译活动作为一个整体系统的运作规律，比如利用行动者网络理论考察外译的整体运作还可以考察它与其他社会系统之间的复杂关联，比如外译系统在所处的文化再生产系统中的位置、外译场域与其他社会场域（包括政治场域、经济场域等）之间的关系（例如外译与社会经济、政治、文化政策、外交政策）、外译的社会功能（如外译与对外文化传播、文化软实力、世界文化再生产）等等。这些宏观研究会涉及前面所提到的翻译的社会学研究的四个部分：外译的

社会历史研究、外译的社会文化研究、外译的社会机制研究和外译的产业化研究。

借助布迪厄的场域理论，利用其分析模式的简易公式 [（惯习）（资本）] ＋ 场域 ＝ 实践，我们可以理解外译场域的社会运作模式（见图3-1）如下：A、B 两国的政治场域、文化场域、经济场域可以视作交织在一起的权利争斗场，包含在翻译场域的两国的外译场域亦如是。译者在自身的文化场域中与该场域的其他子场域如学术场域、教育场域通过资本与惯习的运作相互影响，并同时与场域外的政治场域和经济场域发生双向联系，联系的机制是各自场域所拥有的资本与惯习运作。

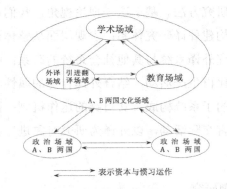

图 3-1　外译场域的社会运作

外译的对外文化传播过程如下图所示（图3-2）。

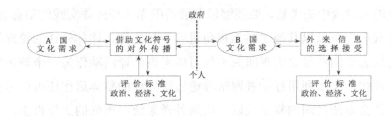

图 3-2　外译的对外文化传播过程

A 国和 B 国的任一文化需求都有可能激发 A 国文化输出，使得 A 国以自身文化符号实施文化流动。在这个文化传播过程中，个人、组织乃至政府充当着不同的媒介，促进或阻碍这一流动。促进或阻碍均源自于两国各自的政治、经济、文化评价标准，因此造成了文化的选择性输出与输入。

这些都可以看作是外译的宏观研究，它们可以帮助我们了解外译作为整体的动态发展规律及其与其他社会系统的联系。但是宏观研究也有其弊端，"一般容易迷失研究的本体，陷入传统整体论的窠臼，变得过于抽象化、模糊化或神秘化，沦为一种没有具体内容的整体感知，成为对象暧昧不清，结论空泛的研究"（蓝红军，2009），这一点应该引起我们的警觉。

（二）外译的中观研究

外译的中观研究主要考察外译系统的主要构成部分以及各子系统运作的规律和机制，是联结宏观视角和微观视角研究的重要内容。

1. 外译中的行动者研究

外译活动所涉及的参与者主要包括原作者、译者、读者、文化输出组织、文化输出国政府、文化输入组织、文化接受国政府等行动者。这些行动者构成了外译系统中的内部因素；而外译活动所发生的环境则构成了外译系统的外部因素。外译活动牵涉之关系归根结底可以视作相关行动者主体之间的关系。

在行动者研究中，译者与其他参与者之间的关系以及译者与其所联结的两个社会之间的关系是本研究的重点。行动者既可以指向个人，也可以指向群体；既可以指向官方力量，也可以指向民间力量。比如说耿强（2010）研究的"熊猫丛书"对中国文学作品的译介情况，郑晔（2012）所做的国家机构赞助下中国文学的对外译介均指向官方机构译者，而王祥兵在广东外语外贸大学博士生论坛（2013）上所做的探索民间力量在促推中国当代文学"走出去"中的重要作用研究上则指向民间组织。

此外，行动者研究内容还可以包括：各个行动者的不同预期如何制约、妥协并最终达到外译服务社会的功能？外部环境如何影响行动者比如译者的行为？外译规范与译者行为关系，译者惯习与外译规范，译者的认知机制、社会化与伦理，译者拥有的资本转换等等。

2. 外译生产过程研究

外译活动的发生要经过一系列的过程，外译研究应追根溯源从外译活动的诱发机制开始，涵盖整个外译生产过程，包括外译发生的动因，外译文本或产品的选择，外译策略的制定，外译生产的流程控制、质量控制，外译配套教育与培训等等。

受全球经济一体化的影响，对外文化传播采用了许多进入目标市场的新模式。以出版业为例，传统的图书贸易、版权贸易不再是单一输出模式，合作出版，海外新建式投资、并购式投资等新型模式已屡见不鲜。这些新型模式必然也会带来外译生产过程对传统模式的改造，比如外译作品（原作）的跨国创作、翻译本地化、合作翻译、机辅翻译、译者跨国合作、专业译者协会承接业务等等翻译生产新现象。市场经济使得翻译功能更受关注，传统翻译过程发生改变，翻译批评标准显示出差异化。翻译过程与翻译生产所涉及的其他行业如媒体、出版业、网络和市场推广、软件业广泛发生联系。外译生产不仅仅是单纯的文本制造，外译生产机制和其他产业一样有着自身的特点和规律。

3. 外译接受研究

外译活动最终要落实到文化消费，即所推出的文化产品在目的国应具有一定的接受度，从而真正产生社会效益。译作的消费就是文本的翻译、传播能够在另一个现实世界中实现社会价值。因此，外译接受研究与翻译批评、传播学、接受美学、文化学等有着天然不可分割的联系。由于受地理、政治、经济等因素的制约，外译接受研究在我国还是凤毛麟角，仅有少数个案研究部分作品在某个国度的接受状况。随着国家驻外机构的增多、外派交流学者的增加，以及国际合作的加强，今后的研究可以从接受主体、接受内容、接受方式、接受原因、接受过程和接受效应六个层面展开，针对不同国家、不同群体的读者展开接受研究。

我们首先可以展开的问题包括：制约译作接受的语言内部和外部因素，译作接受的评价体系，相似的外译活动或者同一译作在不同历史时期、不同的空间产生的不同接受效果等等。诸如此类的问题使得我们不能仅仅局限于从译作中寻找译作被接受的意义或理由，而应该将译作放到更为广阔的社会历史时空中，充分研究其中所包含的多层次、多方面的复杂因素。

4. 外译的社会营销

外译活动是一项需要考虑社会效益和经济效益的社会文化活动。配合国家软实力建设的外译活动必然有政府在背后充当推手。为实现具有重大推广意义的社会目标，各政府目前频繁采用社会营销方案，其实质是运用商业营销的原理和技术寻找社会公益价值推广的路径。外译社会营销的目的是在政府或其授权机构组织下，整合社会各界力量和资本（包括社会资本、经济资本和文化资本），有意识地影响目标受众的文化态度和消费习惯，从而对外译文化产生理解、认同甚至亲近的力量。外译社会营销的主体比较复杂，可以是非盈利的政府机构、公共团体，也可以是以盈利为目的的经营实体。

目前，外译活动中普遍存在的问题就是单向的文化输出是否能够被目的国民众接受的问题，因为一种文化的进入必然会对另一种文化或多或少带来冲击。我们做了太多吃力不讨好的工作，许多耗资巨大的外译作品不被认可，社会影响甚微，有的甚至招来负效应，可能遭到目的国政府或民间组织的抵制。而社会营销不仅关注目标群体的潜在需求，同时也因为能够改变目标群体对某一社会目标的负需求而实现目标的正需求，因而得到了许多政府的青睐。自 20 世纪 70 年代以来，各国政府纷纷采用社会营销策略来改变指导型政府形象而换之以服务型政府形象，在一些大的公益目标上均取得了良好的效果。考虑到文化产品的特殊性、外译活动的复杂性、外译的社会价值，外译的社会营销机制研究应该提上议事日程。政府可以从宏观上整合资源，将社会营销所关注的文化市场目标消费者研究、市场研究及细分定位、营销战略、营销组合（4Ps）、营销规划、执行和评估等环节，通过资本和政策的运作分派任务到各个有能力的组织、机构甚至个人。

2013 年 11 月在上海召开的中国国际语言服务业大会探讨了语言服务为对外贸易、对外文化贸易服务，启动了国家对外文化贸易基地和上海文化贸易语言服务基地的合作签约仪式，提出了"政产学研"服务基地模式，这些都是政府整合各项社会资源实现产业集聚和优化市场做出的举措，对推动文化外译有着深远的战略意义。今后，政府进一步推动外译还需倚赖更有力的社会营销研究以便做出宏观战略、中观管理以及微观操作方面的决策。

5. 外译产业运行机制

由于翻译产业的运行规律多涉及产业经济学的范畴，翻译学中有关翻译产业的研究屈指可数。然而翻译产业化研究的意义是不言而喻的：成规模的翻译产业必然给社会政治、经济、文化生活带来巨大变化，同时社会发展的问题也会暴露在翻译产业化进程中。翻译产业发展的规律、资源的配置、内部结构、产业与产业之间互动联系的规律以及产业在空间区域中的分布规律等等都为我们规划、调整、促进并预测翻译产业的发展提供了理论基础，为国家从宏观上制定相关产业结构、产业布局和产业政策提供参考。

外译活动不仅仅是一项社会活动、文化活动同时也是一项经济活动。外译产业如何在异国的土壤可持续健康发展？虽有国家政策和资金方面的支持，但是只有真正实现了经济价值的文化外译才能夯实外译产业的物质基础，促进其健康良性发展，使得针对性的文化输出能够在陌生的市场和差异化的文化中真正实现社会价值和文化价值。外译产业化进程中会出现哪些问题？外译产业是否有其自身的发展规律？产业发展可以整合哪些资源？外译产业需要什么样的产业政策？国家如何支持外译的产业布局？这些都是亟待解决的问题。

（三）外译的微观研究

由于翻译社会学属于翻译学的外延研究，翻译研究出现的"社会转向"使得学者们担心其会动摇翻译研究中语言的本体地位，使得翻译的本质属性与边缘属性界限模糊不清。其实，语言的意义存在于语言与社会互动、语言与受众的互动中。语言的使用和文化、社会联系紧密，没有能在真空中存在的意义。当语言使用与受众不属于同一文化，意义的产生域传播就会面临一系列的问题。

　　人类通过符号进行信息传递、文化交流。但是，不同的文化符号可能其能指相同，所指差异却会很大。人类对信息的处理要如何进行符号转换才能在伦理选择允许的范围内达到信息为我所用的目的？影响译者做出伦理选择的因素无非是语言的内部规范因素和外部社会因素。外译的宏观研究、中观研究如果能揭示语言使用在社会中的形成、运作机制，我们不仅对于语言意义的把握将会更为客观、更为准确，而且对于语言使用在另一文化中的转换能更好掌控方向。外译的宏观研究应在方向性问题上指导微观操作，为微观研究提供可以生长的框架。基于文本、行动者、外译过程等方面的微观研究一定要将宏观和中观的研究发现考虑进来，用联系的方法不断深入研究主题。另一方面，外译研究也不可能脱离微观研究，微观研究是外译活动能够实现的基础，宏观研究离不开微观研究的支持。

（四）外译研究体系框架

　　外译研究的体系可以分为宏观、中观和微观三个层面，这三个层面的区分主要是研究视角和方法上的区别。虽然它们各有利弊，但是这些向度和层次的研究对于了解外译这一复杂的活动有着不可或缺的意义。

　　外译宏观研究主要帮助我们获得对外译活动的整体认识，以普遍联系的方法看待外译系统与其他社会系统之间的联系。外译的微观研究着眼于小处，通过分割整体对外译系统中的各个组成部分和要素进行深入的研究，涵括外译的产品、过程以及行动者等要素的研究，具体内容可以分为外译原则、策略、方法、评价、审美、传播、接受等等。外译的中观研究介于宏观研究与微观研究之间，注意理论与实践的联系，使宏观研究和微观研究不离开实践，兼顾研究的全面深度。外译的中观研究主要集中在外译系统自身的运作机制研究上，其内容主要包括外译行动者研究、生产机制研究、产业化研究、接受研究和社会营销机制研究。总体而言，外译研究体系框架可如下表（表3-1）所示。

表 3-1　外译研究体系框架

外译研究	宏观研究	外译系统整体认知	外译（整体认知）的社会性：传播学、伦理学、社会学、生态学等跨学科视角 外译系统整体运作机制
		外译系统与其他社会系统的关系	外译与文化：外译场域与文化场域、外译与文化再生产、外译与对外文化传播、外译与文化软实力…… 外译与政治：外译场域与政治场域、外译与国家政策、外译与宗教…… 外译与经济：外译场域与经济场域、外译与文化贸易、外译与对外贸易、外译产业与经济……
	中观研究	行动者研究	行动者本体研究：译者（个体、群体、官方、民间译者）、读者、赞助人 行动者网络研究：整体运行、各行动者之间的互动关系 行动者外部研究：译者惯习与外译规范、伦理、译者资本转化
		外译生产研究	生产规律：生产机制、生产模式、生产策略 生产过程：生产动因、产品选择、生产流程、质量控制 生产服务：配套教育与培训
		外译接受机制	影响外译接受的因素 外译接受的评价体系 不同历史时期、不同地域的外译接受研究……
		外译的社会营销	外译社会营销战略 外译产品、市场研究 外译营销手段、渠道 外译营销规划、执行和评估……
		外译产业运行机制	外译产业发展规律、产业化进程 外译产业资源及其配置 外译产业结构、布局 外译产业政策与其他产业互动……
	微观研究	内部研究	外译原则、策略、方法 外译审美、评价 外译语料库研究……
		外部研究	外译接受与传播 外译个案研究……

　　文化外译研究作为翻译学研究的一个新的热点问题，已经引起国内外学者的广泛重视，相关研究成果也已日渐丰富，分别从不同的角度论述了文化外译的多个方面。鉴于目前的外译研究尚不完善，从系统的角度来看

存在宏观、中观研究不足，受翻译社会学以联系的方法思考问题的影响，将外译作为一个系统考察其与社会的互动关系，因此我们尝试整合翻译社会学以及其他跨学科研究视角建构了文化外译研究体系的整体框架，扩展现有研究内容，厘清研究层次，旨在抛砖引玉，梳理已有的研究成果并引发进一步的后续研究。

第四章 文化翻译中的译者身份
——以丁韪良为例

　　翻译研究的社会学路径方兴未艾，将翻译活动视作社会活动的翻译社会学非常重视译者的研究。翻译研究对象从翻译产品开始，到翻译过程、翻译传播、翻译环境再到翻译核心主体——译者，不断在扩展之中，译者研究是翻译学不断体系化的必然过程。译者研究的翻译社会学路径提倡以联系的方法、系统的方法考察译者与翻译与社会之间的互动关系，其研究虽然以人为中心，却并不割裂其与其他研究对象之间的关系。

　　在整个翻译过程中，译者的翻译目的、翻译选材、原文理解、翻译决策、译者对翻译传播的影响、译者对翻译规范的遵守和冲击等都可归于译者行为研究。译者既可以指向个人，也可以指向群体；既可以指向官方力量，也可以指向民间力量。译者与其他参与者之间的关系，与其所联结的两个社会之间的关系，以及外部环境与译者行为如何相互影响都是译者研究的重点。

　　目前，翻译社会学路径的译者研究主要以法国布迪厄的社会学理论为视角，考察翻译场域中资本、惯习对译者行为的影响，译者资本变化和译者惯习对场域等的影响等等。此外，从身份的角度论述译者的研究也有不少，但此类论述更多的是对译者身份进行解析，将译者身份阐述为"读者"、"原作阐释者"、"作者"、叛逆性创造者、"文化操作者"、"主人"、"仆人""亦主亦仆"等内容，其分析或解释了译者的工作内涵、译者的主体性，或通过论述译者身份讨论了翻译本质何如。就整体情况而言，这些有关译者身份的研究局限于对译者这一群体社会身份本身的剖析、解读、归类，并没有将兼具多重社会身份的个人译者纳入进来，对译者多重身份之间的有机联系也未能深入考察。

译者的个案研究尽管只是以个体作为研究的对象，但由于收集的数据较为全面，有一定的代表性，更重要的是个案研究需要在相关数据中找出经验性或观察性的联系，因此往往也带来研究结果的推广或者抽象性理论的提炼。因此我们选取晚清民初影响较大、身份极为复杂的丁韪良为例，通过分析其多重身份对其译者身份的影响，达到对译者行为进行更为客观和全面的认识。

一、译者的多重身份

身份是个人归属于何种社会分类或群体的认识。（Hogg & Abrams, 1998）身份显示的是人与人、人与其所在的环境、人与其隶属的组织以及人与自身的广泛的关系结构。"对身份的单一主义的认识往往容易导致对世界上几乎每一个人的误解"（阿马蒂亚·森，2009）。作为一个社会个体，译者和我们所有其他人一样，活动于多样化的社会空间，扮演着不同的角色，体现着不同的文化身份。译者的身份各式各样，体现在民族身份、国别身份、职业身份、性别身份等各个方面，兼有学者、政治活动家、作家、其他职业、移民、间谍等多种社会身份的译者并不鲜见，译者的其他社会身份与译者身份交织在一起，各种身份之间的存在着怎样的关系？它们怎样相互作用、相互影响？

中国翻译史上明末清初、清末民初的翻译高潮源自于宗教传播的驱动。传教士在中国生活和布道，跨越两种文化，穿行于不同的社会体制，其身份必然比单一文化群体更复杂、更多元。其译者身份是如何表现的？又受到哪些因素的制约？

为了回答这些问题，我们特地选取晚清时期身份比较复杂的美国传教士丁韪良作为分析对象，对其一生中的几个重要身份进行梳理，以期窥斑见豹，考察译者作为社会个体的其他多重身份与其译者身份之间的对立与兼容。

二、丁韪良的复杂身份

基督教新教教会北美长老会派至中国的传教士威廉·亚历山大·彼得森·马丁（William Alexander Parsons Martin），汉文名丁韪良，字冠西，是一位充满争议的历史人物。他先后在中国生活了长达 62 年之久（1850—1916 年，期间有 4 年时间不在中国），是清朝末年在华外国人中首屈一指的"中国通"。清道光三十年（1850），丁韪良在长老派神学校毕业后，派到中国，在宁波传教，并为美国政府提供太平天国情报。同治元年（1862）一度回国，不久又来华，在北京建立教会。1865 年担任中国著名教育机构北京同文馆教习，1869—1894 年为该馆总教习，并曾担任清政府国际法方面的顾问。光绪十一年（1885），获得清政府三品官衔，1898 年又升为二品。1898—1900 年，被光绪帝任命为京师大学堂（即北京大学前身）总教习。他一生大部分时间在中国传教、为官、教书、翻译、研究学术、著书立说，身份十分复杂。[1]

（一）作为传教士的身份

传教士是丁韪良一生的重要身份，其传教的狂热和勤勉努力得到了国内外教会组织的高度赞誉。为了传教，他主动与中国各阶层交往，上至官僚士大夫阶层，下至下层知识分子或普通老百姓。据明恩溥记述，丁韪良 80 岁生日那天还骑驴子前往西山，爬到 1 000 英尺（1 英尺＝ 0.3048 米）高后又下来骑上驴子回家，到了晚上又去了 1 英里（1 英里＝ 160 9.31 米）外的另一处传教点。（王文兵，2008）当时的中国正逢乱世，社会矛盾空前激化。一个人能够倾尽一生，不顾风险在一个陌生排外的国度播撒福音，即使是在传教士中也是需要莫大勇气的。

有人说他不是一个虔诚的教徒，而是一个披着传教外衣的政治投机者，因为他 19 世纪 60—90 年代中期脱离教会担任世俗职务，游走于政界、教育界、学界。为了取悦中国人，他甚至参拜孔子像。从基督教的角度看，

---

[1] 根据百度百科（http://baike.baidu.com/view/176334.htm）、维基百科（http://zh.wikipedia.org/wiki/ 丁韪良）、北京大学官网（http://english.pku.edu.cn/News_Events/News/Campus/8177.htm）等资料编译。

非本教的宗教乃是异教。他把儒家思想定义为宗教，参拜异教圣贤实属大逆不道。其对儒生以基督教"补儒"、"超儒"的信念加入教会也持宽容的态度，颇受非议。另外，剿杀义和团的血腥行为违背了"神爱世人"的基督教义，更是上帝所不可饶恕的行为。

其实，如果我们站在历史的角度看待他的一生与其所处的时代就知道他是否属于虔诚的教徒了。

首先，关于世俗与属灵传教的理念之争由来已久，自明末清初利玛窦在中国的传教就已经开始了。19世纪50年代丁韪良来到中国，先以长老会传教士的身份在宁波传播"天道"，以惊人的毅力学习了汉语和宁波土话，独立完成了宁波方言拉丁化，之后还专门编写了《认字新法常字双千》等汉语语言学习材料。在总结了宁波传教十年的经验之后，因认识到中华文化对民众的影响之深，他提出了以宣传基督教世俗文明来传教的世俗化传教策略，虽然1869年他因接受同文馆教习一职辞去长老会教职，但他从未放弃传教的使命。（王文兵，2008）

其次，他的世俗活动从未脱离传教的目的。为传教，他积极研究中国的历史与文化；为传教他接受了清政府的任用，在中国广泛开展教育和文化译介活动；为传教，他在武力与基督教良心冲突中接受了武力作为福音的传播手段，并在天津条约的谈判中帮助列强获得了利益并添加了宗教宽容条款（丁韪良著、沈弘等译，2004）；为传教，他甚至试图帮助建立开封犹太教堂，争取他们皈依基督教（丁韪良著、沈弘译，2010）。如此的曲线传教，恐怕是正统的属灵传教派所不能理解的。相对所谓的正统，他可以算得上为数不少的异类之一（认可世俗化传教策略的还有李佳白、理雅各、里提摩太等人）。最起码，在传教中他认识到文化是不能强迫的，却是可以启迪的。传教过程的本土化，传教的世俗化应该说是他采取的一种文化适应策略，放在那个弱肉强食的历史时代背景下，不能不说这是一种相对更为进步的思想。以当今的价值观审视其传教活动不异于文化侵略，而相比于当时的枪炮武力征服，其奉行的策略不能不说仍尚存一丝善念和开明。

当然，19世纪90年代后期他成为一个独立传教士，转而强调"新学"、

"天道"并举，"格物以造物为宗"；晚年又回到长老会，完全回归于天道。他的选择是否自相矛盾？（王文兵，2008）其实，不论世俗传教还是属灵传教均是丁韪良审时度势的结果，与其说是他的主动选择不如说是历史的选择。在其传教后期，中国维新运动以及清末新政使得中国对西方科学的向往渐渐成为一种潮流，而西学（如严复的《天演论》）也为中国国民用以挑战神学。面对新兴的民族主义，丁韪良不得不重新审视其传教思想，转回以福音和基督教义感化教民。

从丁韪良一生的经历来看，尽管他拥有各种不同的"头衔"：传教士、美国政客、清政府官员、翻译家、汉学家等等，众多身份中贯串其一生的，对其他身份有着重大影响的应该是其传教士身份。为传播基督教，他在中国工作时接受了其他临时身份。

（二）作为译者的身份

丁韪良的译者身份，其实是很丰富、立体、全面的。他"一生著述甚丰，据并不完全统计，他一生出版了中文译著42部、英文著述8部，并且在各种报纸杂志上至少发表了153篇文章"（沈弘，2009）。他曾正式受雇于美国政府，担任中美《天津条约》谈判的翻译；他还为清政府提供公法咨询，在中法战争期间组织同文馆师生翻译往来函电，参加了《中法条约》的翻译工作。其翻译工作可谓口笔译实践兼备。他还是中国近代国际法翻译的第一人，其译著《万国公法》在当时的中国和世界影响巨大，在部分列强的眼里甚至是投敌之举，罪该致死。[1]

1874—1898年，丁韪良独译以及与同文馆师生合译各种西学书籍20余种，主要集中于公法（国际法）、格致（自然科学）以及富国策（政治经济学）三块。

西学的引进实际上开启了国人了解世界，融合创新的大门。《万国公法》之后，丁韪良译介了大量的西方学术作品，其实质是仿效明末清初利玛窦

---

[1] 法国临时代办克士可士吉听说有人在译此书时说："这个家伙是谁？竟然想让中国人对我们欧洲的国际法了如指掌？杀了他！——掐死他；他会给我们找来无数麻烦的！"（丁韪良. 花甲忆记 [M]. 沈弘等，译. 桂林：广西师范大学出版社，2004：159.）

等传教士的做法，以西学接近中国开明派的士大夫，树立个人威望，通过传播西方文明改造中国文明进而奠定传教的坚实基础。

（三）作为汉学家的身份

为传教，丁韪良积极研习中国的传统文化，几十年的积淀成就了一位汉学家。其汉学家的身份仍然受到了其传教士身份的影响。清政府腐朽昏庸，封建思想统治压制人文主义萌芽，代表着基督教文明和资本主义人文主义思想的丁韪良对中国的文明态度不可能脱离其西方的价值观。当时西方盛行东方主义，丁韪良 1858 年加入了美国东方学会，东方主义不会不对他产生影响。我们知道"东方主义在帝国主义殖民主义历史语境中生成"，其关于"自由与奴役"、"进步与停滞"、"理性与感性"这三种套话语实际上假设了一种本质主义的东方概念，力图确立西方中心主义对东方的霸权。因此，丁韪良在中西文明孰优孰劣上的判断是十分清晰的。我们不妨看看他在《中国觉醒》中的几处言论：

> 如果没有这些传教机构的合作，由总督所发起的所有改革都必定不能将人们提升到基督文明的层次。（丁韪良著、沈弘译，2010）

> 大清帝国的其他地方盛行有钱者妻妾成群……一个能容忍上述两者之一或两者兼能包容的民族很难称得上是一个文明的民族。（丁韪良著、沈弘译，2010）

他 1905 年在《现实与浪漫中的中国——评〈一位中国官员的来信〉》中更是强烈地表达了不同意迪金森讴歌中国牧歌式文明的看法。

但是，因为他真正深入中国文化，广交士大夫阶层，使得他对中国文化有了更深的了解。与其他传教士相比，他表现出对中国文化更多的宽容和理解。《中国的觉醒》、《花甲记忆》就是他对中国文化态度的典型代表作。他在《中国的觉醒》一书的序中提到"当我看到他们像今天这样众志成城，怀着告别往昔的坚定信念……我对于能够利用自己的声音和笔来帮助他们的事业而感到高兴"。另外，学界引用频繁的还有他在《中国的文艺复兴》演讲稿（1868）中的一段话："从来也没有一个伟大的民族受到过更大的误解。中国人被指责……中国人还被认为是死抱住传统观念不放的，尽管他们的历史中曾经发生过许多次深刻的变革。"

汉学家身份使得丁韪良能够以学者的态度和理性相对比较实事求是地看待并传播中国文化，部分改变了西方对中国的偏见。但总体看来，他对中国文化理解与宽容的价值取向最终还是让步于作为西方列强利益代言人的政治诉求。

（四）作为清政府官员的身份

丁韪良接受了清政府的任命，曾充当了清政府的教育顾问，他任职京师同文馆长达 31 年。他对于同文馆的改造和扩充，为中国的教育初步确立了近代课程体系，为当时的中国培养了一批传统学校不能培养的洋务人才。1880—1882 年，他欧美之行后撰写了《西学考略》，对西方教育体系、学术发展史进行了系统介绍，并给出了教育改革建议，包括将西学引入科举制度。"在其位谋其政"，客观地讲，这一阶段的工作丁韪良为清政府做了不少尽心尽力的事情，客观上促进了中国的教育和政治现代化。

但是，在中外利益产生冲突的时候，丁韪良自然而然就站到了中国清政府的对立面，其敌对化的言辞诸如："一个无形的力量似乎抑制了敌人的行动，并支持着被围困人们的勇气。"（丁韪良著、沈弘译，2010）"慈禧太后曾经处心积虑地一心想要消灭洋人。而义和团民众这种暴力行径，只有在一个不开化的民族中才有可能发生。""中国政府（宗教宽容条款）的规定是靠不住的，应当由列强来实施。"（王文兵，2008）

与清政府官员身份相冲突最显化的表现就是他利用其政治影响力，充当帝国主义的代言人。针对义和团运动主张列强在中国划分势力范围，他提出"以华治华"，妄想由美国割据海南岛，以加强奴役中国等等。（孙邦华，1999）由此可见，丁韪良服务于清政府无异是一种政治和文化渗透，试图通过改变中国的政治、政体和文化精神来达到实施文化侵略的目的。

三、丁韪良的其他身份对译者身份的影响

（一）服务于传教的翻译动机

丁韪良的翻译工作分为担任传教士期间的翻译和其承担世俗身份

期间的翻译。

他早期在宁波传教时工作主要有布道、教学、翻译和撰写宣教册。这一期间的翻译较为零星，都是直接与传教布道相关。

丁韪良担任世俗身份（京师同文馆总教习）期间的翻译，与其传教士身份是强烈冲突的。在当时的历史政治背景下，长老会认为翻译是世俗工作，与传教活动没有直接联系甚至是矛盾的。而丁韪良则多次表示其翻译工作（尤其是法律和政治经济学方面的内容）主要是为了引起清政府的重视。在京师同文馆任职期间的翻译，也是为了完成世俗身份所要求的教材编撰等方面的职责，寄希望于西学开启民众心智，破除封建迷信，为基督教文明的传播铺垫道路。他对中国诗歌以及文学的翻译更是为了让世界了解中国为可教化之国，是值得传教之地。因此其翻译仍然是间接地服务于其传教目的，据其对翻译工作的辩称，这些工作引起的反响甚至超过街头教堂传教本身。

（二）翻译选材

丁韪良早期传教士的身份使得其只能选取与布道工作相关的翻译内容。为传教而著述的《天道溯源》实际上可以看作是其编译的作品，虽然他本人宣称该书是通过布道与国人互动写作而成。然而，该书的前三章与佩里的《自然神学》极为相似，后几章内容也分别与其他著作和他自己早期的英文作品在内容上多有重合，因此可以说他采取了编译的做法。他在北京传教期间完成了《圣经》官话本的翻译，于 1870 年付印。此外，他还参与了官话本《新约》的翻译。可以说其传教期间翻译材料的选择是极为有限的。

1862 年，他开始着手翻译《万国公法》，遭到了长老会的质疑。但是信奉世俗传教并希望通过上层社会接受基督教的信念让他辩称"它将不亚于翻译圣经的影响"。由此可见，其所属教会对世俗的翻译工作并不认可，但是笃信翻译该书与传教工作之间的紧密联系使得丁韪良能够坚持自己的价值判断，自身并没有产生身份认同危机。

丁韪良 1865—1869 年任京师同文馆教习，1869—1894 年任京师同文馆总教习，1898—1900 年任京师大学堂总教习。1874—1898 年，他独译或与同文馆师生合译的西学 20 余种书籍，以国际法、自然科学和政治经济学为主。这一时期的翻译选材一方面是出于同文馆教科书的需要，另一方面与其"由格物而推及造物"是分不开的，即译介西方实学以破除中国封建迷信继而进行世俗传教的策略。其翻译选材要么可以为清政府所用，要么响应当时中国国民关注实学的呼声，完全符合其作为传教士和清政府官员的双重身份。

译者身份可以说是丁韪良服务其传教士身份和清政府官员身份的从属身份，本应在跨文化交流中保持中立的他，在翻译中却极大地融入了其传教的目的性和他所代表的意识形态。前期他主要选取的是"实学"作品，意在影响中国的政治革新；后期的《性学举隅》（西方心理学）则完全紧密结合基督教传播。为了向西方介绍中国的可基督化，丁韪良还充当起了介绍中国文化的桥梁。作为一名学者，他翻译的作品有自己的个人喜爱和偏好，甚至连所选译的神话、诗歌也都打上了其传教士价值观的烙印。比如，他选译中国民间文化中的花木兰、红丝线、牛郎织女的传说来体现基督教教义中男女平等的观念；他所译诗歌中，关于禁欲、对生活情感的倾诉以及能表达中国人道德诉求的内容占据了比较重要的地位。

（三）翻译策略的选择

作为信奉世俗化传教策略的传教士，出于对效果的考虑，丁韪良积极主张归化的策略。在宁波传教期间，他与麦嘉缔之间就"God"一词的中文译法为"神"还是"上帝"产生了争论。丁韪良主张采用"上帝"译法的观点，更多的是一种翻译的归化观、文化的适应观。由于"上帝"遭到世俗偶像崇拜的抨击，在后期他又提议"天主"的译法以期统一基督教各个流派。他甚至在中国典籍中为此找到了印证，力图避免该种译法遭到诸如世俗偶像崇拜之类的责难。

丁韪良翻译《万国公法》时，由于"法学作为一门独立的学科，有其完整的知识体系，也有其专门的大量术语。19 世纪的中国法学所运用的专门术语与西方法学是大不一样的，如果翻译者对中国文化没有精到的把握，将近代西方法学的话语系统用汉语表达出来，是很困难的事情"（万齐洲，

2011）。为了了解中国法学体系以及相关的法学概念，他"也到中国古籍中，挖掘类似国际法运作的事例，编成英文的《中国古世公法论略》（*International Law in Ancient China*），由汪凤藻译为中文"（魏外扬，1993）。因为尽量采用了中国人更容易理解的术语，并在总理衙门派出的翰林院成员给译文润色的帮助下，《万国公法》的翻译总体上表达清晰、文字通顺，使得丁韪良获得了成功。

选取以下的一段文字为例，我们发现原文中很多概念在当时的中国存在文化空白，或存在文化冲突。对于清王朝不熟悉的概念"state as a moral being"，或极为敏感的"freedom"译文将其略去不译，对"municipal constitution of government"的文化空白，翻译时则以上位相关概念"国法"予以替换，并加以注释："所谓国法者，即言其国系君主之，系民主之，并君权之有限无限者，非同寻常之律法也。"而对"sovereign rights"虽然后文有交代"其治国之上权，谓之主权。此上权，或行于内，或行于外。行于内，则依各国之法度，或寓于民，或归于君……主权行于外者，即本国自主，而不听命于他国也"。在君主专制的清王朝，主权意味君主的权力，归化为"主权"，也符合了当时国人对君主权力的认可。

Every State, as a distinct moral being, independent of every other, may freely exercise all its sovereign rights of other States. Among these is that of establishing, altering, or abolishing its own municipal constitution of government. No foreign State can lawfully interfere with the exercise of this right, unless such interference is authorized by some special compact, or by such a clear case of necessity as immediately affects its own independence, freedom, and security.[1]

译文：各国自主其事，自任其责，均可随意行其主权，惟不得有碍他国之权也。其国法，或定或改或废，均属各国主权，他国无约据特许，或并非势不得已而自护，则不可管制之。[2]

---

[1]　原文见：Henry Wheaton. Elements of International Law[M]. Boston: Little, Brown and Company,1865:106.

[2]　译文见丁韪良译《万国公法》第二卷，第 12 页。

另外，《万国公法》翻译中，有一段译文语气差别较大，强调不平等条约也必须遵守，对"民人所立契约，只要不平等即无约束力的内容"大加简化。虽然我们现在难以考证到底是丁韪良有意为之还是总理衙门润色人加工所致，但是基于不少学者考察了《南京条约》、《虎门条约》等早期不平等条约中的不对等翻译，[1] 发现外国人参与翻译的译本存在明显的翻译政治行为，多有误译、漏译、改译等现象。因此我们也可以推断，丁韪良更有可能在翻译中故意采用了对列强有利的翻译策略。

丁韪良对中国诗歌文学作品的翻译也体现出了较为清晰的归化倾向。虽然他采取了韵律的形式来翻译诗歌，但是意译的成分较大。这主要有以下几个方面的原因：①诗歌这一特殊的文学体裁特点，字对字的直译很难产生诗歌文学上的审美，丁韪良在翻译中国诗歌中较多利用民谣、民谣的变体而少量采用了其他诗体。[2] ②丁韪良不仅翻译诗歌，还创作诗歌，因此会把翻译与创作结合起来。③虽然作为学者的丁韪良对中国的诗歌、文学作品体现出一定的尊重，但是仍然是以一种俯视的态度来看待这些作品，因此免不了对作品的任意处置。比如他在翻译《宝珠洞》时，连自己都承认其翻译是"一个相当自由的版本"。

四、译者多重身份的冲突与调和

人与地域的联系、与隶属组织的联系、与自身和自身所处环境的联系，使得一个人可以拥有多重身份。在不同的场合，不同的时机，不同的社会活动中，一个人就会面临身份选择问题。在诸多身份中，个人可以对自己的身份认同进行优先次序排列。一般说来这种主次身份是相对稳定的，但也不排除受到外部条件的刺激，个人身份认同的优先次序可能发生转变。多个身份之间不一定必然对立，可以相容也可能产生冲突，是否对立要视

---

[1]　有关两次鸦片战争时期不平等条约中的不对等翻译，国内已有一定成果。专题论文见屈文生（2013，2014）、王宏志（2012）、胡其柱（2010）等，专著主要有2007年季西压与陈伟民合著的《来华外国人与近代不平等条约》等，另外还有一部分内容也散见于研究这一历史时期的其他著作。

[2]　相关研究以及翻译案例详见：郝田虎.论丁韪良的英译中文诗歌[J].国外文学，2007（1）。

具体情境而言。一般说来,在某一时间段内,我们都会选择一个相对稳定的、处于主导地位的身份。这个主导身份,承载着其核心价值观;而其他身份,处于从属地位,或显或隐地为主导身份服务。很多场合下,这种服务功能并不是直接的,而是会从各个角度体现为帮助主导身份完善建构的功能,这可以视作多重身份的相容。从属身份可以在一段时间内相对固定,也可以是临时性的。

　　一个主导身份的核心价值观会决定或影响其他身份的价值观。在一个人以从属身份从事某种活动时,其思想、言论、行为往往会受到主导身份核心价值观的影响。尤其这两种身份强烈冲突的时候,核心主体价值观会凸显出来,表现出跟临时身份相悖的言行。

　　身份的选择有主动和被动、有意和无意之分。当一个人主动、有意选择跟其主导身份相冲突的从属身份时,主导身份的核心价值观会得到有意识的压制和伪装,而自我选择临时屈从于从属身份价值观。而当这种选择是被动、无意识的时候,主导身份的价值观则会有所显露。多重身份联系机制可以用下图(图4-1)表示。

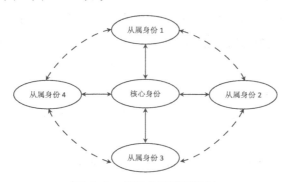

图4-1　多重身份联系机制

　　从丁韪良的多重身份分析中,我们看到尽管他拥有各种不同的"头衔",众多身份中贯串其一生的,对其他身份有着重大影响的应该是其传教士身份。为传播基督教,他在中国工作时接受了其他临时身份。在他(以及其他传教士)的眼里,西方的文明和社会秩序,是优于东方的。这是他的主导身份的核心价值观。他们传教,除了要传播上帝的福音,更是想在中国传播西方的文明与秩序。其他的身份无论是作为外交官、教育家、翻译家、学者的身份，都是为了在中国建立符合西方文化价值观的秩序。甚至他助纣为虐，屠戮义和团以及参与打砸抢流氓活动、明显和基督信徒身份相悖的行为，也可以很好地解释了。表层化的身份冲突其实是各种不同身份承载的价值观斗争的结果，这种结果大多数是趋向当时的主导身份核心价值观的，但也可能表现为从属身份价值观的彰显。

丁韪良的译者身份，是其传教士身份和清政府官员的从属身份，也是阶段性的临时身份。其翻译的动机、翻译的选材以及翻译策略的选择无不受到主导身份核心价值观的影响。人和社会之间是互动的，外部环境、从属身份对主导身份或多或少都会有一定的影响，从属身份在一定外部条件下也能转化成某一时期的主导身份。丁韪良在中国30多年的世俗身份或多或少影响了其西方传教士的主导身份，使得人们对其某一阶段的身份认同产生争议。继丁韪良之后，美国新教传教士的世俗身份和传教身份冲突在民国时期表现得比较突出。罗志田先生、杨念群先生都对传教士所面临的俗世与天国的紧张关系进行了分析。梁碧莹先生以彼得·伯驾（Peter Parker）为例，敏锐地发现：最初，美国新教徒在华传教是利用医疗、教育等活动作为工具的，此时这些活动越来越远离其宣教布道的目的，传教士宗教角色的功能也逐渐屈从于教育、医疗等世俗化的社会角色。更有甚者，有的传教士在其回忆中，干脆否认自己曾经以之为圣职的传教士身份。据 Katherine Boeye Ward 记载，有个传教士曾明确地说："我不是一名传教士；我准备到教育领域去工作。因此大家都认为我会教英语。"（李秉奎，2006）

丁韪良和其他传教士身份的转化正好应证了阿马蒂亚·森（2009）的一句话：每个人的身份是多元的，给予其身份认同的自由，不要用简单粗暴的方式强行对人进行身份认定，让多种身份竞争取代单一身份的归类，而不是简单地将和某一社会联系紧密的人区别并排除在外。正是传教士的这种多重文化身份的对立与兼容才带来了跨文化交流的机会。

本篇参考文献

[1]Austin, J L. How to Do Things with Words[M]. Oxford: Clarendon Press, 1962.

[2]Catford, J C. A Linguistic Theory of Translation[M]. Oxford: Oxford University Press,1965.

[3]Joseph F G. Difference in Translation[M]. Ithaca and New York: Cornell University Press, 1985.

[4]Fairclough, N. Critical Discourse Analysis[M]. Harlow:Longman, 1992.

[5]Haliday.An Introduction to Functional Grammar[M].Beijing:Beijing Foreign Teaching and Research Press, 2000.

[6]Hogg, M A & Abrams D. Social Identifications: A Social Psychology of Intergroup Relations and Group Processes[M]. Leiden:E. J. Bril1,1969.

[7]Holmes, J S.The Name and Nature of Translation Studies[A].In Venuti L (Ed.). The Translation Studies Reader[M].London and New York: Routledge, 2000.

[8]Nida, E A & Charles R T.The Theory and Practice of Translation[M]. Leiden:E. J. Bril1, 1969.

[9]Verschueren. Understanding Pragmatics[M].Beijing: Foreign Language Teaching and Research Press, 2000.

[10]Wolf, M & Fukari, A.Constructing a Sociology of Translation[M]. Amsterdam: John Benjamins Publishing Company, 2007

[11]Wolf, Michaela.Culture as Translation and Beyond Ethnographic Models of Representation in Translation Studies[C].In Hermans (Ed.). Crosscultural Transgressions[M]. Manchester: St. Jerome Publishing, 2002.

[12][印] 阿马蒂亚·森 . 身份与暴力——命运的幻象 [M]. 北京：中国人民大学出版社，2009.

[13][俄] 巴尔胡达罗夫 . 语言与翻译 [M]. 北京：中国对外翻译出版公司，1985.

[14][法] 布迪厄 . 实践与反思——反思社会学引论 [M]. 李猛，译 . 北

京：中央编译出版社，1998.

[15][法]布尔迪厄，华康德.实践与反思：反思社会学导论[M].李猛，李康，译.北京：中央编译出版社，2004.

[16]蔡平.文化翻译研究[D].中国优秀博硕士学位论文全文数据库（博士），2008（10）.

[17]蔡毅.关于国外翻译理论的三大核心概念：翻译的实质、可译性和等值[J].中国翻译，1995（6）.

[18]陈嘉映.语言哲学[M].北京：北京大学出版社，2003.

[19]邓京力.试论历史评价标准中现实性与历史性的矛盾[J].首都师范大学学报（社会科学版），2000（2）.

[20][美]丁韪良.花甲忆记[M].沈弘等，译.桂林：广西师范大学出版社，2004.

[21][美]丁韪良.中国觉醒[M].沈弘，译.北京：世界图书出版公司北京公司，2010.

[22]范东生.翻译的本质与翻译批评的根本任务[J].中国翻译，2000（4）.

[23]高宣扬.布迪厄的社会理论[M].上海：同济大学出版社，2004.

[24]耿强.文学译介与中国文学"走出去"[J].解放军外国语学院学报，2010（3）.

[25]辜正坤.翻译主体论与归化异化考辩[J].外语与外语教学，2004（11）.

[26]郭建辉.翻译的社会学研究：问题及定位[J].湘潭大学学报（哲学社会科学版），2009（3）.

[27]郭建中.翻译中的文化因素：异化与归化[A].文化与翻译[M].北京：中国对外翻译出版公司，2000.

[28]何佳宁等.英汉词语互译研究[M].武汉：武汉大学出版社，2009.

[29][德]洪堡特.洪堡特语言哲学文集[M].姚小平，译注.长沙：湖南教育出版社，2001.

[30]胡牧.翻译研究：超越"文化转向"[J].江苏社会科学，2011（4）.

[31]黄振定.翻译学的语言哲学基础[M].上海：上海交通大学出

版社，2007.

[32] 贾文波 . 应用翻译功能论 [M]. 北京：中国对外翻译出版公司，2004.

[33] 蓝红军 . 论翻译研究中的宏观研究和微观研究 [J]. 外语艺术教育研究，2009（4）.

[34] 李秉奎 . 传教士的角色紧张与中美文化交流 [J]. 河南师范大学学报（哲学社会科学版），2006（2）.

[35] 刘宓庆 . 现代翻译理论 [M]. 南昌：江西教育出版社，1990.

[36] 卢少兵 . 西方翻译理论三阶段发展论 [J]. 武汉理工大学学报（社会科学版），2007（5）.

[37] 吕俊 . 英汉翻译教程 [M]. 上海：上海外语教育出版社，2001.

[38] [美] 塞尔 . 心灵、语言和社会 [M]. 李步楼，译 . 上海：上海译文出版社，2006.

[39] 沈弘 . 丁韪良其人其著 [N]. 中华读书报，2009-01-21.

[40] 孙邦华 . 简论丁韪良 [J]. 史林，1999（4）.

[41] 孙红梅 . 国内翻译界归化和异化研究十年（1997-2007）：回顾与思考 [A]. 中国英汉语比较研究会第八次全国学术研讨会，2008.

[42] 孙致礼 . 再谈文学翻译的策略 [J]. 中国翻译，2003（1）.

[43] 谭载喜 . 试论翻译学 [J]. 外国语，1988（3）.

[44] 万齐洲 . 丁韪良与《万国公法》中译本 [N]. 光明日报，2011-02-10.

[45] 王洪涛 . 翻译的学科建构与文化转向 [M]. 上海：上海译文出版社，2008.

[46] 王文兵 . 丁韪良与中国 [M]. 北京：外语教学与研究出版，2008.

[47] 魏清光 . 改革开放以来我国翻译活动的社会运行研究 [D]. 中国优秀博硕士学位论文全文数据库（博士），2012（3）.

[48] 魏外扬 . 来华宣教士略传 [M]. 台湾：海外校园杂志社，1993.

[49] 谢萌 . "图像论"意义观的本体论解读——维特根斯坦意义理论拓展性研究之一 [J]. 外语学刊，2012（6）.

[50] 谢天振.翻译本体研究与翻译研究本体 [J].中国翻译，2008（5）.

[51] 杨自俭.对翻译本质属性的认识——《自由派翻译传统研究》序 [J].上海翻译，2008（1）.

[52] 张美芳.语言的评价意义与译者的价值取向 [J].外语与外语教学，2002（7）.

[53] 张培基等.英汉翻译教程 [M].上海：上海外语教育出版社，1980.

[54] 张威.中译外调查与分析——提高中国文化对外传播效果的一项基础性工作 [J].中国文化研究，2011（3）.

[55] 赵彦春.翻译学归结论 [M].上海外语教育出版社，2005.

[56] 郑晔.国家机构赞助下中国文学的对外译介——以英文版《中国文学》（1951-2000）为个案 [D].上海外国语大学中国优秀博硕士学位论文全文数据，2012.

[57] 钟义信.自然语言理解的全信息方法论 [J].北京邮电大学学报，2004（4）.

[58] 周振鹤.来华基督教传教士传记丛书序言 [A].观觇东方：理雅各评传 [M].桂林：广西师范大学出版社，2011.

[59] 朱湘军.翻译研究之哲学启示录 [M].上海：上海交通大学出版社，2012.

第二篇　翻译伦理论

伦理是社会成员内在的价值理想和外在的行为规范的统一。有了伦理的约束、规范与支配，人才能成为社会的人，社会才能成为理性的社会。伦理和法一样，是主要的社会调控手段，是任何社会个体和机构在参与社会实践活动中必须遵守的价值准则和行为规范。不同的社会活动，涉及社会生活中不同的方面与层面，因此，在普遍伦理规则的约束下，又有其特殊的内容与要求，构成特定的领域伦理体系，以满足该类社会活动的规范调节需求。翻译活动作为一种特定的社会活动，也有自己特定的伦理体系。

翻译伦理根植于翻译实践，是翻译系统为维护其内部运作以及翻译系统与其他外部社会系统之间的平衡而产生的道德规范，主要用来协调翻译实践中不同主体之间价值观的冲突。随着社会的发展，翻译活动的内涵和外延也在逐渐发生着变化。翻译实践的变化涉及一系列社会关系的互动与调整，这种变化面对过去、现在和未来，也面临着多个角度的价值观和行为规范的调整，给我们带来一系列伦理层面的反思。新时代的翻译不再是凭直觉和感性来工作，人类对翻译活动不断深入的认识和反思使得这一重要的社会实践活动逐渐走向理性。

翻译伦理是支持译者开展翻译活动、进行翻译决策的一系列价值评判和行为准则系统，翻译本身的复杂性决定了翻译伦理的多维性。在当今职业化的翻译时代，翻译产业不断壮大，翻译对整个社会经济、政治、文化所产生的影响，愈来愈呼唤翻译伦理精神。我们对翻译伦理的认识，不应该仅仅局限于从哲学、文化研究、语言学、人类行为科学的视角来考察，而更应该将翻译活动纳入广阔的社会活动背景里去思考翻译中的实然、应然、必然。越来越多的学者将翻译研究的视角转向了翻译伦理，试图从伦理学中获得启发，为后现代之后翻译标准的迷惘指明方向，提出了翻译伦理学的构想。

职业化和产业化是当今翻译学发展的大趋势，因此翻译伦理研究的重要方向之一必然指向翻译职业伦理建设。翻译职业伦理包括制度伦理和个人伦理，其中制度伦理建设是翻译产业目前面临的当务之急。中西方基本价值观和伦理文化的差异，使得中西方译者的职业道德规范也存在着差异。在信息化和大数据时代，现代信息技术强势切入传统的翻译活动，对翻译生产模式和翻译产业结构产生着巨大影响，并由此带来一系列新的伦理问题。在这样的语境下，如何求同存异，构建既顺应信息全球化发展趋势，又符合中国国情特色的翻译职业道德规范体系，是摆在我国译界学者面前的新课题。

第五章　翻译伦理学的发展与学科定位

翻译伦理这一概念的提出还是当代的事情，早期基于文本的翻译研究看似与伦理并无紧密联系。随着人类对翻译本质认识的不断深入，文本内外的因素得到了普遍关注，翻译涉及的语言因素、主体因素、文化因素、交际因素、社会因素等方面使得我们不得不面对翻译活动所牵涉的错综复杂的关系：译作与原作的关系、广义翻译主体之间的关系、翻译所联结的文化之间的关系、翻译与其他社会系统之间的关系等等。正是在揭示了翻译活动的多维属性（符号属性、交际属性、文化属性和社会属性等）的基础上，学者们才意识到"人类翻译活动的诸要素……都具有社会伦理属性，伦理性因此成为翻译的一个本质属性"（王大智，2012）。

一、翻译伦理研究的历史与现状

（一）翻译伦理研究的早期萌芽

早期的译论中或多或少地、零星地存在着译家们的翻译伦理思想，比如古代佛经翻译时期释彦琮关于译者素养的"八备说"、佛经翻译中长久的"文质之争"。这些论述被后来的学者打上伦理的标签还是自翻译伦理概念被提出来之后。

翻译伦理概念的最早提出是和文学翻译结合在一起的。法国的贝尔曼（Antoine Berman, 1984）在《经历异域文化：德国浪漫主义时期的文化与翻译》中提出翻译史、翻译伦理学和翻译分析是翻译研究的必要领域，有必要思考"以异为异"的翻译的正当伦理目标。随后，他（1995）又强调了译者作为翻译行为主体的权利。他所主张的翻译伦理其实就是"尊重原作、尊重原作中的语言和文化差异"（王大智，2005）。

同一时期翻译伦理研究的代表人物和代表性思想还有：韦努蒂（1998）的"差异伦理"和"因地制宜伦理"、"推动文化创新与变化"；鲁宾逊（Douglas Robinson, 1991）从翻译的各种功能入手，强调译者主体性，以期协调译者—作者—读者之间的关系，实现平等对话等。

起步阶段的翻译伦理研究更多地关注翻译活动的一个侧面，涉及与翻译联系最为直接的语言因素、交际因素以及文化因素。这一时期的翻译伦理思考多从文论和考察语言符号系统的关系入手。受语文学研究范式和结构主义语言学范式的影响，翻译伦理问题主要涉及翻译的可译性、忠实性以及翻译标准等问题的探讨。之后，翻译伦理的思考辐射到语言使用者之间的关系，尤其反映在译者主体性研究以及译者—作者—读者—赞助人的关系讨论上。由于认识到语言不是中性的符号系统而是深深地打上了文化的烙印，由于认识到意义不是绝对和固定的而是"延异"和"撒播"的，由于认识到文化交流中强势文化对弱势文化的欺凌反映在语言使用之中以及语言使用者自觉不自觉地倾向于我族中心主义，翻译活动就必然关乎语言使用以及文化碰撞中的立场定位和秩序维护。与此同时，语言使用的文化环境之间的关系，即如何对待文化差异性的问题也开始提上伦理议事日程。

（二）翻译伦理研究的发展

迄今为止，对翻译伦理论述较为全面系统的是芬兰学者切斯特曼（Andrew Chesterman），他（1997）提出翻译活动受期待准则、关系准则、沟通准则和负责准则四条基本准则的制约，并阐明了与各准则对应的伦理价值观：明晰、真理、信任和理解。随后，他（2001）又相继提出五种翻译伦理模式：表现伦理、服务伦理、交流伦理、规范伦理和承诺伦理。

皮姆（Anthony Pym）主要关注译者伦理和职业翻译领域的发展。[1]
其有关翻译伦理原则的观点分别在《翻译与文本转换：论跨文化沟通原
则》中的第七章以及 1997 年出版的《论译者伦理》（*Pour une Ethique du
Traducteur*）[2] 中得到了阐述。皮姆指出，翻译中的伦理问题可以区分为
两个层面：这两个层面存在很大的差异，前一个层面意味着完美的译者
是隐形的语言操作者，对应于"现在我不在这里"；后一个层面从职业伦
理角度而言，完美的译者则是一个做出判断的、有利益关涉的个体，并且
当代伦理观要求译者在文本之外显示自己的存在，对翻译成果担负一定责
任。"翻译伦理的根本问题不是在特定情境下如何翻译，而是谁可以决
定如何翻译"。他（2010）提出了译者首要效忠的对象是"作为交互文
化空间的翻译职业"。当然皮姆的观点也受到了学者的质疑，所谓"交
互文化空间"是否存在？（Koskinen, 2000; Inghilleri, 2008）。考斯基宁
（Kaisa Koskinen, 2000）指出，可以供绝对中立的译者大展身手的交互空
间事实上不可能存在，存在的只能是"冲突不断的战区"。译者遵从职业
伦理是否是新的要求？是否是个体为了群体利益牺牲的新社群主义（neo-
communitarianism）或"新部落主义"（neo-tribalism）？职业规范是否能
帮助译者解决根本的道德困境？（Koskinen, 2000）

当然，皮姆的视阈不仅仅局限于翻译职业，2001 年他在《译者》第 2
期《回归到伦理问题》的专刊导言中呼吁"翻译研究已经回归到了对各种
伦理问题的讨论"，并分析了该特刊所收录文章中体现的翻译伦理研究趋
势，强调全球化时代的翻译伦理问题应体现更多的对人的关注。

而 2005 年贝尔曼（Sandra Bermann）和伍德（Michael Wood）编
辑的论文集《国家、语言和翻译伦理》（*Nation, Language, and Ethics of
Translation*）中有关"翻译的伦理"的部分则主要涉及译者的翻译伦理态
度问题，译者应该具备明知不可为忠实，却一定要为之的基本伦理目标。

---

[1]　参见 Pym（1992/1997/1998/2001/2003/2007/2010/2011）等发表的有关翻译伦
理的相关文献。

[2]　该书由 Heike Walker 在 2012 年翻译成英文版：On Translator Ethics: Principles
for Mediation between Cultures[M]. Amsterdam & Philadelphia: John Benjamins。

应该说这部论文集仍然还只是围绕翻译伦理的传统思想在做理论探讨，没有更深地推进翻译伦理本身的内核。

因此，西方近期的翻译伦理研究更多地与伦理学、社会学、文化研究等学科领域结合了起来，开始基于翻译社会实践和翻译产业的发展进行探究，范围有所扩大，认识也进一步深入，但是近年的发展尚缺乏重大的理论突破。

受儒家立德修业伦理思想的影响，中国传统译论中有很多关于译者德行的阐述，却没有上升到理论层面的翻译伦理研究，国内的翻译伦理研究是在西方提出"翻译伦理"这一概念之后，不断深入的。许均教授（1998）最早注意到翻译伦理的研究应该扩大到整个翻译过程。2001年，吕俊教授在哈贝马斯的交往行为理论基础上提出了以普遍语用学原理建构翻译伦理学的构想。自此之后，翻译伦理的研究范围不断扩大，研究主题主要涉及：翻译伦理学概念的澄清和定义（王大智，2005/2009；刘卫东，2008；吴建国、魏清光，2006；汤君，2007），翻译伦理学学科建构（吕俊，2006；杨洁、曾利沙，2010；彭萍，2013），结合翻译史进行翻译伦理思想研究（王大智，2005/2009/2012；彭萍，2008；涂兵兰，2013），伦理视角下翻译标准的讨论（曾计，2008；朱志瑜，2009；方薇，2012），国内外翻译伦理研究综述（杜玉生，2008；骆贤凤，2009；赵迎春，2013）等等。值得注意的是，翻译伦理研究还广泛存在于翻译本质研究、翻译社会学研究（包括译者惯习研究、行动者研究等）、翻译规范研究、翻译伦理视角下的翻译策略研究等方面。

二、翻译伦理研究的成就与不足

国内外的翻译伦理研究经历了一个由浅到深，由少到多，由单一到多维度的过程，（赵迎春，2013）研究范围的扩大与人们对翻译活动的认识不无关系。从早期认为翻译是一项纯粹的语言转换活动、到跨文化交际活动、到有创造性的文化生产活动以及有目的性的社会实践活动，翻译伦理调整的范围从文本扩大到翻译主体，延伸至整个翻译过程继而又俯瞰整个翻译系统运作。翻译伦理的语言伦理维度、信息伦理维度、交际伦理维度、职业伦理维度、政治伦理维度、经济伦理维度以及文化生态伦理维度不断得以浮现。然而，随着研究视角的增多，不断扩大的认识却缺乏统一的内在逻辑，翻译伦理的多维性亟待理清层次，翻译活动中涉及的伦理问题还缺乏有力的解释和解决机制。

对翻译伦理论述较为全面的切斯特曼对于不同翻译伦理模式未能给出统一的伦理学基础，伦理模式中对价值的讨论也未能在其后续研究中深入下去，反而更多地转向规范研究。而国内彭萍的关于翻译伦理学的首部专著虽然尝试对翻译伦理学做了较为系统的整理，但是仍有诸多未尽事宜，比如译者伦理观的元伦理思考、译者伦理决策机制、翻译伦理研究与规范伦理学的联系以及翻译规范的共时和历时差异所体现的伦理观等等都还有待发掘。

三、翻译伦理学之学科定位界说

纵观翻译伦理研究，其发展在短短 30 年间已经初步取得了丰硕的成果。就目前的研究来看，学者们更多地从翻译本学科视角进行阐述，通过对翻译本质属性的认识来扩展翻译伦理调整的范畴，而从伦理学视角研究尚有欠缺。对翻译主体、翻译活动、翻译系统所面临的伦理问题还未能进行全面、系统、深入的研究。翻译伦理研究尚处在起步阶段，能否真正成为翻译学的二级子学科，正如王大智（2012）所言"从目前的研究现状来看，构建翻译伦理学的理论储备过于薄弱"。

交叉学科因跨学科的性质往往难以认定其学科归属。彭萍（2013）在《翻译伦理学》中指出"翻译伦理学使用伦理学的视角来研究和解决翻译问题，其主体部分更多地涉及翻译，而不是伦理，所以……翻译伦理学应该属于翻译学……属于泛翻译学的范畴"。仅仅因为翻译伦理学研究的是与翻译有关的各种行为，而翻译学是研究翻译活动、翻译历史、翻译理论、翻译教学的科学就将翻译伦理学归属于翻译学似乎理据不足。

其实，伦理学简而言之是一门道德哲学，是关于善恶、是非的科学。翻译伦理学的立足点在于规范翻译作为人类社会文化再生产活动的各种行为，其中心词应该是伦理学，而不是翻译学。但是由于翻译活动的特殊性，其所牵涉主体的伦理选择无论是关于翻译动机、翻译文本、翻译策略还是文化传播与选择等方面都受到了翻译理论和翻译思想的制约。另一方面，翻译的伦理选择贯串整个翻译活动，因此我们应当将翻译伦理作为翻译学研究的一个重要内容。翻译伦理和医学伦理不同，如果说医学伦理的主体部分更多地涉及伦理而不是医学本身几乎无可争议，翻译伦理却不能断定其主体部分更多地涉及翻译还是伦理，两者已经深深地交融在了一起。其实，翻译伦理学的当务之急是基于问题意识的研究，针对翻译这个文化再生产体系中所存在的伦理问题、伦理困惑，从翻译学、伦理学甚至其他学科入手去解决问题，将研究深入下去，翻译伦理研究的深入将会对两个学科做出贡献，因此不用急于划清其学科归属。

另外，关于翻译伦理学研究范畴的问题，我们也应该看到存在学科交叉的现象。如图5-1所示，翻译作为文化再生产活动包括翻译实践、教学、学术研究、市场等方面的行为，所有这些行为都受到伦理学的调整，我们甚至可以进一步说所有人类活动都关乎伦理选择。诚然，翻译实践活动本身所涉及的伦理应该是翻译伦理学的主要研究对象，包括翻译管理伦理、操作伦理以及翻译伦理的理论研究。而翻译教学、翻译批评、翻译市场行为所涉及的伦理同时也可以归入教育伦理、学术伦理、商务伦理的范畴，相关研究完全可以成为它们的次级研究范畴，如果要归入翻译伦理学的范畴也一定是该交叉内容涉及翻译学科独有的特点，深深地打上了翻译学的烙印，必须通过翻译学理论才能解释的部分，否则其上一层级理论能够解决的问题没有必要单立门户。翻译伦理学的研究应避免泛化，避免将其他学科调整的对象纳入自身研究范围，目前学者们提出的翻译教学、翻译理论研究、翻译批评中的伦理似乎都出现了泛化的倾向，并没有给出具有翻译学本质内容的研究课题。

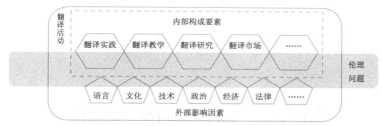

图 5-1　学科研究内容的交叉

　　我们承认翻译伦理研究是翻译学研究中的一个重要内容，但是如果将其界定为翻译学下的一个次级学科势必会考虑勾勒学科研究对象和范围的全貌，将与该学科相关联的内容全盘纳入进该学科体系。由于学科之间的交叉性，上述多个与其他学科研究交叉的内容因其关联性也会被划入研究范畴，可是这些内容的研究主体部分应该属于应用伦理学所涵盖的各次级学科范畴。比如，有关翻译教育中教师的伦理研究就应该归为教师职业伦理而不是翻译伦理研究的范畴；有关翻译研究的伦理更多应是科研伦理的范畴。一方面翻译伦理学应该以翻译伦理问题研究为中心，等待学科发展水到渠成的那一天；另一方面也应该尽量避免研究对象的任意泛化，将凡是与翻译扯上关系的内容都纳入进来。翻译伦理学的研究范围应该限定在与翻译活动本身相关的伦理范畴。

　　在后现代思潮带来的迷惘反思下，翻译伦理研究不断升温，经历了一个显山露水的发展过程。翻译学与伦理学的交叉为我们探寻翻译主体、翻译活动以及翻译系统所面临的伦理问题提供了很好的跨学科路径。一门学科的建构不是一蹴而就的，需要长期的知识积累和理论储备，我们应当避免翻译伦理研究中的泛化现象，立足于翻译实践中面临的伦理问题不断深入下去，以期提供有力的解释和解决机制。唯有如此，翻译伦理学才可能随着核心实质性问题的探究不断深入扎根下去。

第六章　翻译伦理的多维性

翻译活动是一种复杂的社会活动，涉及社会生活的各个方面，而这些方面，都跟伦理问题有着密切的关系。因此，翻译伦理也呈现出多维的特性。

一、翻译的复杂性

翻译活动的复杂性体现为：译者在信息传播参与方多元意向性的影响下，跨越语言符号差异、文化差异、认知差异、意识形态差异等异质性因素，对源语语言符号所传递的立体信息进行解析，并使用译语语言符号进行信息二次传递。

首先，信息传播参与方的意图各不一样。比如，在国际商务谈判中，甲方可能只是想初步接触乙方，并不一定深入合作，而是了解大致情况回去再去进行筛选；而乙方可能想不惜一切代价留住客户争取订单；双方使用的翻译如果是乙方的长期雇员，其翻译的意图可能站在己方的立场上尽力促成交际的成功，甚至为己方出谋划策，或者出于维护领导的面子力图让谈判看起来有利于己方；如果翻译是第三方翻译机构派来的，译者的意图可能只是完成翻译任务并获得劳动报酬。又如，一部文艺小说的笔译，译者有可能仅仅出于对小说的喜爱，希望传递出其对小说的理解和审美；而出版商则希望小说销路畅通；读者群体也有各自不同的期待：或休闲、或品鉴、或去亲近曾经经历过的文化等等。这些多元化的信息传播参与方的意图对翻译意图都会产生影响。译者身处其中，会努力去平衡各方期待，在翻译的不同阶段体现出译者对某一参与方意图的倾向性，形成不同的翻译子意图，由这些子意图为译者确定的翻译整体意图服务。在整个翻译过程中，虽然整体翻译意图保持稳定，但是随着翻译内容的变化，随着翻译各个不同阶段的推进，译者对不同内容所体现出的倾向性却是动态变化的。

另外，信息的传递过程中存在太多异质性因素。语言符号传递出的立体信息包括认知信息、社会规约交际信息、审美信息三个层面，译者所要处理的不仅仅是语言符号系统的差异（仅语言符号编码就有着语音、语形、语义、语法、语用、文体规则等方面的差异）；还有语言所传递的立体信息的差异：认知差异、社会规约交际差异、审美差异。其中社会规约交际方面的差异又可体现为政治、经济、文化传统的差异。译者必须跨越认知、意识形态、文化、审美等各方面的差异，才可能尽量接近并还源语言信息的三个层面。

此外，翻译不仅仅涉及翻译活动所牵涉的文本之外的社会关系，即译者要处理好赞助人、读者、听众、作者、出版商、翻译公司、客户等方面的关系；也涉及翻译内容——文本 / 话语所指向的社会关系，话语所构建的政治、经济、文化各方面的关系使得译者必须做出观察和评判。

基于此，我们可以说"翻译是人类进化史上最复杂的活动"（Richards, 1953）。

二、翻译活动的本质属性及其所复合的其他社会活动层面

如前文所述，我们认为翻译是人类有目的的跨语言立体信息传播活动。然而，信息传播的目的性以及语言反映并建构世界的力量，使得翻译除了具有传递立体语言信息活动的本质外，还复合了诸多其他社会活动层面。

语言反映并构筑了我们的生活世界。译者的主要工作内容——文本 / 话语实际上也呈现了一个特殊的世界。这个世界可谓无所不有：各种话题指向了丰富多彩的生活世界，也指向了该世界带来的一系列社会关系。一部文学作品，反映的社会生活场景可能从商场到法庭，从大学到家庭。这些社会场景的变换也带来了一系列社会关系的变换。

　　译者面对文本所构筑的社会关系，自然不能逃离该社会关系所处的社会场域中惯习的力量。[1]法国社会学家布迪厄认为社会由一个个场域构成，实践是在场域中发生的，其制约机制是惯习与资本，（高宣扬，2004）简单用公式表示其分析模式即［（惯习）（资本）］＋场域＝实践。

　　比如，经济合同指向的经济关系使得译者置身于该经济关系所存在的经济场域，即使译者只是为了学习外语而翻译经济合同，本身不涉及任何经济利益，经济场域中的惯习仍然对译者产生制约。译者必须调用该经济关系语境中的语用原则，遵循该语境中经济话语的规范，才能对文本和话语内容进行准确的理解和译语再表达。

　　再者，作为社会活动的翻译活动，因为各翻译主体的不同需求，翻译场域以及翻译活动所涉及的其他社会场域交织在一起，也常常处于复杂的社会关系之中。翻译广泛地存在于社会生活的各个领域之中，借助翻译，人们可以实现不同的目的，满足个体和组织在信息、政治、经济、交际、艺术审美等方面的需求。广义的翻译主体，无论原作者、读者、译者、发起人、赞助人、出版商等都有可能存在不同的需求，对译者有着不同的期待。如前所述，翻译的复杂性往往体现在翻译的驱动、传播以及接受都受到广义的翻译主体不同需求的制约。黄忠廉提出的"变译"正是基于信息时代人类跨语言摄取信息的目的，采取不同程度的变通手段摄取原作中心内容或部分内容的翻译活动。[2]

　　因此，我们不得不承认：因为翻译活动各主体的意向性体现为翻译的不同社会功用，因为翻译内容指向的各种社会关系存在着场域惯习无形的支配力量，译者的理解、译语表达都受到影响，翻译活动就不仅仅是一个跨语言的立体信息传递活动，其本身还复合了其他社会活动层面。

　　翻译活动所复合的社会活动层面由两个因素决定：①翻译主体之间建立的文本之外的社会关系。譬如翻译的发起者希望借助翻译活动达到一定

---

　　[1]　场域和惯习都是社会学中的概念。

　　[2]　黄忠廉提出的变译理论主要参见：黄忠廉.变译（翻译变体）论[J].外语学刊，1999（3）；黄忠廉.翻译本质论[M].武汉：华中师范大学出版社，2000a；黄忠廉.翻译变体研究[M].北京：中国对外翻译出版公司，2000b；黄忠廉.变译理论[M].北京：中国对外翻译出版公司，2002a；黄忠廉.变译的七种变通手段[J].外语学刊，2002b（3）。

的政治目标，我们不能不说该翻译活动在一定层次上也是一个政治活动；如果翻译主体要求大量使用翻译技术完成翻译任务，在一定层面上也是一种技术使用活动；如果译者和译者之间存在着竞标，竞标结束后又从服务客户的角度多方位满足客户需求，此时的翻译活动也是一种经济活动。②翻译内容指向的社会关系。比如，即使翻译主体没有任何的政治目的，由于翻译内容指向了一定的政治关系，译者作为独立的第三方必须调用该政治场域中的惯习来解析该政治关系。此时译者实际上已经以"译者"这一特殊的第三方人的身份选取了某一政治立场来完成该政治内容的理解和传递。而译者本人的政治立场与其翻译中所选取的立场可能完全不同。这种情况下，由翻译内容指向的政治关系也使得该翻译活动复合了政治活动的这一社会活动层面。

因此，翻译活动除了作为跨语言立体信息传递活动的本质属性外，因为翻译主体之间的社会关系以及翻译内容指向的社会关系动态地复合着其他社会活动层面，呈现出复杂的多面性。

三、翻译伦理的多个维度

翻译场域的各个主体形成了在历史基础上发展而来的客观关系群。以布迪厄倡导的关系思维来看，翻译场域并非独立存在，它同时又与其他社会场域发生着联系。其中与翻译场域联系最为紧密的是翻译场域作为子场域所存在的上级场域——文化场域，以及影响翻译活动的其他场域，包括翻译议题所指向的其他或大或小的社会场域：政治、经济、医疗、科技、艺术等。例如，一次与政治完全无关的翻译活动，由于文本涉及政治内容，政治场域的惯习或多或少会对译者产生影响，因为译者本身是社会的人，没有生活在真空中的译者。译者在众多的社会因素交织的场域里，各种对翻译系统产生影响的力量聚集于译者本身，使得译者的角色不断随各场域的动态互动而变化，向动态制衡系统中突显的力量倾斜。

基于翻译活动的社会性以及翻译场域与其他场域的密切联系（这一联系由翻译活动牵涉的主体以及翻译文本／话语指向的社会关系决定），翻译活动本身自然也复合了除本质属性之外的其他的社会实践活动：作为政治工具的翻译同时可以被看成是一项政治活动；翻译走向市场是市场经济活动，为商务交易服务的翻译必然涉及各方经济利益，也成了经济活动的一部分；利用翻译技术的机器翻译和机辅翻译还可以看作是一项技术活动；随着职业化进程的深入，职业译员的翻译活动日益成长为专业的职业活动；在文化生态圈创造文化价值的各种不同种类的翻译活动，和文化生态圈内的各文化种群、亚种群一样也有着萌发、生长、兴盛、衰落、消亡的过程，又可以被视作一项文化生命活动……

翻译活动所复合的社会活动层面体现了翻译社会性的三个层次：宏观上翻译与世界的关系，即翻译与社会的三大子系统：政治、经济、文化子系统之间的关系，分别对应政治活动、经济活动、文化活动；中观上翻译场域内各翻译主体之间的关系以及各个社会子系统中平等主体的关系（翻译可以视作一种交际活动、一种职业活动）；微观上翻译与其所使用的工具之间的关系（翻译作为一种语言活动或大量应用翻译技术的技术活动）。

翻译复合的不同社会活动层面实际上使译者、使整个翻译系统面临着诸多不同方面的伦理问题，构成了翻译伦理的不同侧面。翻译本质所关注的信息传播伦理，构成了翻译伦理的核心维度；而翻译复合的其他社会活动层面所涉及的伦理关系则构成了翻译伦理的外围维度，主要有翻译伦理的政治伦理维度、经济伦理维度、文化生态伦理维度、交际伦理维度、职业伦理维度、技术伦理维度、语言伦理维度等等。

一切伦理关系的产生都基于我们的社会实践。虽然现代社会专业化细分使得应用伦理学研究在各个领域内广泛展开，积累了大量的成果，但是翻译伦理所涉及的这些伦理维度都应该扎根于我们的翻译实践，关注其在翻译领域中独有的伦理问题，而不是将现有的应用伦理学研究成果生搬硬套。鉴于翻译活动广泛地与各种社会活动发生关系，我们仅仅讨论与翻译活动和翻译系统运作紧密相关的社会伦理层面，选取宏观、中观、微观中有代表性的伦理维度加以讨论。

（一）翻译活动本质属性所涉及的信息伦理维度

翻译活动的本质是人类目的性的跨语言立体信息传播活动，翻译中涉及的伦理问题主要涉及信息传播伦理问题，翻译伦理最核心的部分必然受到信息伦理调整。

作为应用伦理学的一个研究领域，信息伦理研究主要关注信息时代因信息关系产生的伦理问题，比如美国管理信息科学专家 R•O•梅森（Mason，1986）提出信息时代的四个主要的伦理议题：隐私权（privacy）、信息准确性（accuracy）、信息产权（property）及信息资源存取权（access to information）。2012 年在文献计量学的基础上，曹超对信息伦理研究也做了一些定性分析，列出了信息领域的其他伦理关注，比如网络伦理、媒体伦理、计算机伦理、生物信息伦理、图书馆伦理、经济信息伦理、跨文化信息伦理、信息专家伦理、信息产品的伦理问题，信息收集与分类过程中的伦理问题，信息获取与传播中的伦理问题等等。

与其他的现代伦理研究一样，信息伦理研究也引入了权利概念，将权利作为伦理的基点，强调权利的保护以及外来权力结构对权利侵犯的阻止。信息权利主要包括信息发布权、信息获取权、隐私权、知识产权、信息安全权等。学者们试图基于个体和组织的信息权利建构信息伦理的不同领域。（沙忠勇，2006）

与普通的单语信息活动相比，翻译活动是一种特殊的跨语言信息传播活动，有着其自身的特性。我们完全可以遵循翻译活动中各个主体的信息权利来考察翻译所涉及的信息伦理问题，为方便论述，可列表（表6-1）如下。

表 6-1　翻译涉及的信息伦理

信息权利	翻译系统中各主体的信息权利保障
准确性	1. 信息的发出者拥有信息被准确传递的权利。 2. 信息的接收者也拥有获得真实信息的权利。 3. 信息的准确性要求源语所传递的立体信息在不同维度上予以保真——翻译的忠实应该理解为：为保护信息当事人对信息准确性的权利，由译者平衡两种符号系统差异、两种文化系统差异，在信息的不同维度上尽量向源文靠近的理想目标。
隐私权、安全性	1. 译者和翻译机构等应为客户信息保密，不得泄露客户信息。 2. 翻译内容如果侵犯了他人隐私，译者应该有一定的职业敏感度，对他人可能造成的伤害进行预判查证。如同代为加工产品的工厂需验证委托人是否具备合法的授权能力，确保加工产品无知识产权争议一样。 3. 译者应合理注意客户信息安全。

续表 6-1

信息权利	翻译系统中各主体的信息权利保障
所有权	1. 译者以及翻译机构对承接翻译工作的知识产权问题。 2. 客户对翻译语料的所有权问题。 3. 译者不得利用客户资料谋取利益。
知情权	1. 为维护当事人的知情权，译者在翻译过程中可以适当补偿必要信息。 2. 对于翻译中基于不同目的进行变通的部分，译者应对变译内容进行解释、说明，保证当事人对信息处理的知情权。
发布权	1. 发言人平等地享有信息发布权，译者在协调信息交流的过程中，应尽量保证当事人合理的信息发布权。 2. 译者不能擅自删减源语信息，间接地剥夺说话人的那部分内容的信息发布权利。

结合信息伦理中主体的信息权利和翻译实践，我们发现实际上信息保真[1]是翻译本质所对应的信息伦理中最核心的要求。我们不能否认信息传输的双方对信息的准确性享有权利，后续的信息加工、开发、利用都有赖于信息的准确接收，人类对语言的准确解析和传递是人际交往和社会合作的基础。因此，语言立体信息通过翻译进行传递时必须超越和平衡两个语言符号系统的差异和两种文化的差异，在语言信息的不同维度方面尽量接近。但是现实中，权利的行使又是可以自主协商的，在不影响他人利益和侵犯他人权利的基础上，权利人可以自由行使自己的权利。也就是说，如果信息使用者只希望攫取主要信息为己所用，而不关注细节描述，并不对原作者产生影响的情况下，他完全可以要求译者进行摘译、编译或者缩译。

（二）文化生态伦理维度

翻译活动涉及的生态伦理问题包含两个方面：①翻译作为一种文化再生产活动对现有文化生态环境造成的影响，着眼于翻译整体与宏观文化生态的关系。②翻译系统本身作为一个生态系统，系统内部成员对翻译生态环境的影响，着眼于微观翻译系统内部各主体与翻译生态环境之间的关系。

如果我们将世界文化再生产看成一个有机系统，世界上任何一种文化看成文化生态环境的一个物种，那么各国文化就组成了一个大的世界文化生态系统，翻译活动就是世界文化再生产系统中各种文化进行联系的机制

---

[1] 传统译论中所说的"忠实性"。

之一。从结果上看，翻译将一种文化中的信息传递至另一种文化，肯定会对接收国现有的文化体系带来新的元素，产生正面或负面的影响。从过程上看，翻译活动跨越两种文化，必然涉及文化差异的处置问题。保留还是改造源语文化中异质性元素是译者必须做出的决定。译者对文化的处置看起来是个人行为，但实际上离不开其所处的文化生态环境对译者的影响。多元系统论早在 20 世纪 70 年代就已经揭示了翻译文学系统与译语文学系统之间的互动关系。因为译语文学系统的不同特征，翻译可能游走于中心地位和边缘地位之间。当翻译占据系统的中心地位时，它会成为译语文学系统中创新的力量。翻译作为一种文化再生产活动，必然也会受到除文化系统之外的政治系统、经济系统等的制约，操纵派关注文本生产的操纵过程，关注文化交流中强势文化对弱势文化的压制是如何反映在翻译之中。文化间的不平等、语言使用者自觉不自觉的我族中心主义倾向使得翻译活动必然关乎语言使用以及文化碰撞中的立场定位和秩序维护，语言使用的文化环境之间的关系即如何对待文化差异性的问题也开始提上伦理议事日程。

另外，胡庚申与许建忠在国内率先将生态学与翻译学结合起来，考察了翻译的生态环境。他们理解的"翻译生态环境"是原文、源语和译语所呈现的世界，即语言、交际、文化、社会，以及作者、读者、委托者等互联互动的整体。而根据许建忠（2009）的《翻译生态学》，翻译的宏观生态（macroscopic ecology）最大的范围是生物圈，其次是整个地球上各个国家，通常宏观生态研究得比较多的是在一个国家疆域内组成的大翻译生态系统。翻译系统内部如何保持平衡、可持续性发展也成为翻译生态面临的重要伦理问题。

（三）政治伦理维度

翻译与权力政治的结合很早就开始了。翻译史表明，中外几次翻译高潮中无论是宗教经卷的翻译、科技或文学翻译的背后或多或少都有着国家政权的助推甚至是直接参与。哪怕没有国家赞助的民间翻译，翻译流向本身就反映了一种话语权力的流向，暴露出语言与文化地位的不平等。即使是旗鼓相当的两种文化的交流，当一种文化进入到另一种文化的领地，都要接受本土意识形态、翻译诗学、赞助人等的审视、过滤，才能完成异质性的转换。因此勒菲费尔（1992，2010）在其《翻译、改写以及对文学名声的制控》一书中指出翻译从某种意义上说就是对原文的改写。

翻译活动可以作为国与国之间实现某种政治目的的工具。美国学者沃纳·温特（Werner Winter）在 1961 年发表的《作为政治行为的翻译》（"Translation as Political Action"）一文中就谈到斯大林之后的苏联如何通过翻译非洲、亚洲国家文学与这些国家建立友好外交。[1] 翻译作为政治工具不仅仅为国家所利用，同时也成为译者和一些有识之士实现政治抱负的手段。清末明初严复、鲁迅、林纾等人力图通过翻译实现自己的政治诉求，而近期莫娜·贝克的《翻译与冲突：叙事性阐述》以及《翻译 —— 政治行动的另类空间》（"Translation as an Alternative Space of Political Action"）等一系列论文 [2] 都揭示了译者参与政治活动，如何利用语言来重建权力话语的努力。

福柯关于话语的秩序、赫曼斯的多元系统论、操控学派关于翻译的改写与操控、斯皮瓦克提出"翻译的政治"、女性主义翻译理论的性别政治等等都涉及翻译与政治。当权力政治成为后现代语境的研究热点后，翻译研究开始探寻翻译背后文化碰撞与交融过程中或隐或显的权力关系。其中主观因素多涉及译者的政治动机、身份、立场、操纵策略与组织方式，客观因素则包括了国家翻译政策、赞助人制度、译作的禁倡和流通等等。

作为政治活动的翻译，也会受到政治伦理的关照。学术界对政治伦理有各种定义，其中最广义的定义认为"一切政治活动、政治关系中关涉伦理性的方面，都构成政治伦理的现实内容"[3]。王建新（2005）从诸多不

---

[1]　费小平.翻译的文化之维：翻译的"政治问题"研究 [J].云南民族大学学报（哲学社会科学版），2004（2）.

[2]　见莫娜·贝克的一系列相关论文：Baker, M.Translation as an Alternative Space of Political Action [J].Social Movement Studies: Journal of Social, Cultural and Political Protest, 2013, 12(1): 23-47; Baker, M. Resisting state terror: Theorizing communities of activist translators and interpreters [A].In: Bielsa E & Hughes C.W.(Eds.) .Globalization, Political Violence and Translation [M].Basingstoke: Palgrave Macmillan 2009;Baker, M. Translation and activism: Emerging patterns of narrative community [J]. The Massachusetts Review, 2006, 47(III):462-484.。

[3]　定义见朱贻庭主编《伦理学大辞典》，上海辞书出版社 2011 年版。

同的定义中总结出政治伦理的内容应该包括"政治价值理念、政治制度伦理、政治组织伦理、政治主体伦理四个方面"。尽管涉及内容繁多，政治伦理中的理论探讨自始至终都是围绕着自由、平等、公正、民主、人权等问题展开的。而这些基本问题就是政治伦理中的基本原则问题。翻译伦理中的政治伦理维度应该从政治伦理的基本原则出发考察翻译实践，分析作为政治活动的翻译所涉及的主要伦理问题。

（四）经济伦理维度

翻译活动不但为经济活动提供服务，而且在为社会提供服务的过程中也逐渐实现了自身的产业化，表现出作为产业的相关特征：专属产品、市场需求、竞争机制、品牌、行业技能与资产、行业标准、产业链与特有的经济运作机制等。作为一种经济活动，翻译必然涉及相关的经济伦理。

经济生活的基本领域主要有：生产、交换、分配、消费等。经济伦理调整的正是经济生活领域内的道德关系。其中，效率与公正之间的矛盾是经济伦理的基本问题。"效率的价值原理表达行为目的的实质性价值实现，是判断行为是否有效或是否善的基本依据。公平价值原理表达的是社会道义的伦理理想，是人们用以评判社会和个人的经济行为、特别是对经济效用价值的分配是否正当合义的伦理标准。"（卢风、肖巍，2002）一般说来，符合经济效率价值原则的活动在伦理上是有积极意义的，但是并不表示两者不存在冲突。在翻译实践活动中，机器翻译往往能带来产出效率的提高，但是如果没有人工译后编辑，质量却很难得到保证；如果没有翻译技术的参与，同一译者单位时间的产出与质量表现往往也是成反比的。另外，如果我们只重视结果 —— 译文的接受程度，比如出版界翻译外国文学作品因强调适销性而压制原作者，对原文大肆篡改，这里就很难体现出对原作和原作者的正义。

作为产业经济活动的翻译，在生产领域主要考虑翻译生产的产品对整个社会生活的功能，翻译在整体上应该促进文化间的理解和交流、促进社会的繁荣和稳定。人类生产的目的是为了消费，生产应基于一定的需求。但是，需求是基于人的欲望而产生的，人的欲望无穷尽，在此基础上产生的需求未必都是合理的，因此翻译时常面临经济效益与社会良序的选择。有经济效益的翻译活动不一定符合社会良好风尚，无论是个人还是翻译机构作为生产者应该牢固树立起为社会服务、为民众服务的正确的生产观。对于淫秽作品、侵犯他人正当权益的言论、邪教传播、伤害国民感情的言论，翻译生产者、发起者和赞助者都应当树立起正确的筛选意识，不能仅仅考虑经济效益，而是应该将经济效益和社会效益结合起来，承担起应有的社会责任。

另外，生产流通秩序的维护也应该基于自由竞争和公平合理的原则。2014 年 10 月 22 日的法制报刊载了一则历时几年仍未决断的案例，原福建福清市司法局局长黄政耀利用下班时间为人翻译公证文件赚取翻译费，检方以贪污罪对其进行起诉。对于该案的判决尚无定论，先不谈黄政耀是否触犯了刑法，仅从伦理的角度进行判断，我们认为是不妥的。本来公民利用自己的劳动特长换取相关报酬是无可厚非的，但是由于黄政耀身份特殊，其司法局局长的位置赋予他对直属公证处享有管辖的权利，黄政耀承揽公证处翻译业务至少在一定程度上扰乱了公平竞争的市场秩序。特殊的公职人员身份使得其应该避免从事与该公职身份相关的经济活动，从而保证其他译者的合法权益。

人类对翻译的需求存在不同的层次，随着翻译逐渐走向大众化，民众对翻译有了不同层次的需求，对跨语言立体信息的传递有不同的准确度、及时性等方面的要求，翻译的生产也应充分考虑这些不同层次的需求，提供多元化的产品和服务。另外，翻译生产也应遵循翻译的生产规律，从流程上保证生产的每一个环节质量的可控范围，盲目追求生产效率而不考虑生产者的劳动状况、生产的时间限制、生产资料的技术能力、生产能力等因素都会导致次品、伪劣产品的产生。

经济生活的交换环节主要遵守的是自主、互利、竞争、信任原则。翻译活动和其他经济活动一样也需要遵守相应的市场规则和竞争机制，这属于翻译行业规范的问题，本书不做重点论述，而更多聚焦在为经济活动服务的翻译和提供翻译服务的译者身上。

参与经济活动的译者往往不是一个中立的角色，自由译者为经济活动的双方同时提供服务时似乎可以做到中立，然而经济活动的合作性本身就暗示了译者协助双方争取交际效果最大化的目标。经济活动指向的经济关系，使得译者不得不参照两个社会中的经济话语和文化规范，在两种不同的规范之间转换。译者往往很难做到面面俱到，因此译文产出的结果就有可能更加接近两种规范的一种。这种自觉不自觉的偏向实际上可以看作是译者对某一规范的遵从，持有某一立场而做出的决定。

当译者为一方工作时这种偏向会更加明显，尤其当译者是企业的全职译员，经授权共同参与经济活动时，他完全可以在保持公正性的基础上，主动谋求有利于雇方经济利益最大化的交际翻译。比如某企业全职译员在参与企业的合资谈判时，其立场显然会站在该企业一方，对不利于合资谈判顺利进行的言论，译者可以向企业指明、建议。为了让译者明确每一阶段的谈判目的，企业主谈判人有时甚至会让译者参与谈判策略的商议。此时的译者绝不是一个中立的角色而是与企业有着共同使命的员工，译者的角色在谈判工作期间实际上还复合了谈判助手的角色，其上位概念就是某一经济利益的代言人。

（五）交际伦理维度

功能派翻译理论将翻译看作是一种跨语言、跨文化的交际活动，认为翻译包含了原作者与原作读者、译者与译作读者的两次交际过程，作为交际活动的翻译应该重视交际的结果。

就交际伦理而言，中西方因文化传统的不同，存在着较大的差异。汪怀君（2006）指出中国传统交际伦理是建立在"仁爱"基础上的人伦，"仁爱强调人与人之间的友爱、和善、恭敬、谦让、温和、互助，提倡孝悌、同情别人。仁爱不但是处理血缘亲属交往关系的原则，也是处理社会上一切人伦交往关系的基本原则，它统领着众多的道德子项目"。另外两条原则强调经权结合、通全达变以及和而不同的交往观。

以个人主义文化为基础的西方的交往伦理则强调：交往主体的个人本位、依照平等互利的契约原则建立交往准则、价值取向崇尚竞争、交往目标的功利主义、交往手段的商谈理性等。（刘印房，2009）

哈贝马斯的话语伦理学（又称商谈伦理学）认为人类社会道德水平发展到较高阶段时，主体之间的交往、共同规范的认定是通过主体之间平等协商进行的。也就是说，他把伦理原则的普遍认同，看作是一个共同论证的过程，所有具有理性参与讨论的人都根据自由意志提出自己的观点，经过各方之间的讨论、争论，达成真理性共识，使得自己的意志被确定为共同承认和遵循的普遍规范。这一共同论证需要以话语为工具和媒介，为了确立可能理解的普遍条件，即确立"交往行为一般假设前提"，哈贝马斯试图在建立普遍语用学的基础上提出言语的真实性、真诚性和正确性等有效性条件。言语行为要达成的"理解"不仅仅是语言意义、主体意向的理解，而是参与话语交往过程中的主体之间的默契与合作，是一种以建立合法人际关系的交往实践活动。（郑召利，2002）虽然哈贝马斯的商谈伦理学因理想对话环境无法实现带来了乌托邦色彩，但是他将普遍伦理原则诉诸主体间诚实、平等的交往和对话突出了主体间性的中心作用，对正确认识交往伦理有着重大意义。

吕俊（2001，2002）基于哈贝马斯的交往行动理论指出"翻译活动属于涉及三个世界与三个交往层面的认知交往活动。它不仅仅是第一层面的主—客关系，也不仅仅是第三层面的主—主关系，而是一种主—客—主这种活动关系"，并在此提出了构建翻译新标准的理论设想和以普遍语用学原理建构翻译伦理学的构想。

（六）语言伦理维度

如果我们将语言视为社会生活的整体，它不仅仅限于语言学的范畴，我们与自我、与思维的关系以及与他者的关系无不是通过语言来实现的。在某种意义上来说，没有哪种伦理与语言伦理无关，一切伦理判断均可以用语言来表示。因此，伦理学中的元伦理学以逻辑和语言学的方法来分析道德术语、道德判断等道德语言也就不足为奇了。有学者认为"伦理是主体通过活动构建自我的一种追求，该活动同时也构建了其他主体。作为语言的存在体，主体本身无法与伦理和诗学分离。基于此不可分离性，语言伦理关乎所有语言的存在体、人类社会的公民，因而伦理也变得具有政治性"。"翻译伦理首先就是一种语言伦理（An ethics of translating implies above all an ethics of language.），且关乎诗学，因为诗歌极大限度地突出了语言内部的系统性，意味着生活行为，代表了语言伦理中最强的一种形式"（Meschonnic, 2007/2011）。[1]

以上观点从哲学的角度揭示了语言、伦理、政治之间的关系，却有一种把一切都纳入语言伦理的倾向，不利于我们对于翻译实践伦理问题的解析。本书在分析了翻译的本质是人类意向性的跨语言立体信息传播活动的基础上，对翻译活动同时也是一种语言活动的理解是基于语言作为工具使用的层面，更接近应用伦理学中所指的语言伦理。陈汝东（2001）对语言伦理学的定义是"从语言学和伦理学角度系统地阐释言语交际行为中的道德伦理现象，探讨言语交际中的道德规范系统"。该定义显示语言伦理与信息伦理（包括传播伦理）、交际伦理等都有交叉的内容，因为语言的功能有很大一部分表现为信息传递、交际的功能，因此言语道德中也涉及了普遍的信息伦理和交际伦理范畴的内容。对于信息伦理和交际伦理中已经提及的部分不再赘述，我们所讨论的翻译伦理的语言伦理维度仅仅指去除相关内容后，有关语言使用道德关系的部分。

语言伦理原则分为话语理解与话语建构的道德准则。就语言理解而言，听者不能以偏概全、妄下结论，应该结合言实统一、言人统一、言行统一、言境统一和言德统一的五项原则进行解析。（Meschonnic, 2007/2011）

而在话语建构层面，一定的语言会产生一定的后果，说话人要对自己讲话的内容负责。使用语言应符合语言规范，语言的使用应该符合社会道德规范，不对社会造成不良影响。言语的使用代表了个人的道德修养和文化修养水平。话语建构的道德准则应该遵循言语真诚、言语真实、言行一致的原则，对于译者而言，对所接收的信息用译语建构的时候也应该遵循这一原则。

---

[1]　该论述更多的是从哲学和文论的角度来论述翻译伦理与语言伦理之间的关系。

（七）职业伦理维度

广义的职业伦理研究人们在职业活动领域中的道德关系和道德现象，而狭义的职业伦理主要研究各行各业的道德规范和准则，也就是从事一定职业的人们，在职业活动中应该遵循的，依靠社会舆论、传统习惯和内心信念来维系的行为规范以及必备的品德。（蔡志良，2005）行业组织为了保护行业的发展、规范行业竞争、树立职业形象，在从业人员的相互作用和约束下形成了广泛共识的内部职业操守。职业道德与社会基本道德原则是特殊和一般的关系，社会基本原则指导并制约职业道德的产生和内容。但是，各行各业都有行业所要求的特殊职业技能，形成了特殊的职业关系，因此职业伦理有着行业的特性，一般社会道德原则并不能代替具体的职业道德。

翻译的职业伦理包含了职业理想、职业态度、职业技能、职业责任、职业纪律、职业良心、职业荣誉、职业作风等方面。（朱金香等，1997）其中职业道德规范是翻译职业伦理维度中的重要内容。

第七章　作为翻译职业伦理核心的职业道德规范建设

一、职业伦理中的制度伦理与个人伦理

职业伦理是职业活动中体现的伦理关系和调节原则。职业伦理又称职业道德，是从事特定职业的人用以指导职业活动价值合理性，调节职业利益与公共利益关系，建立职业精神、职业纪律、职业良心和职业作风等的一系列道德规范和准则。

职业道德与社会基本道德原则是特殊和一般的关系，社会基本原则指导并制约职业道德的产生和内容，但由于各行各业都有行业所要求的特殊职业技能，形成了特殊的职业关系，因此职业道德有着行业的特性，一般社会道德原则并不能代替具体的职业道德。

职业道德的建设主要可以分为两个部分：①受规范伦理学启发的制度伦理建设；②受美德伦理学启发的个人伦理。制度是以法度、规范、习惯为核心的，依一定的程序由社会性组织来颁布和实施的一整套规范体系和社会运行机制的总和。（倪愫襄，2008）制度伦理不是空中楼阁，它来源于个体对特定领域普遍性伦理问题的相对统一的认识，制度制定者将达成共识的伦理价值观制度化、法规化，维护社群伦理选择秩序，保证个人的正当权益。当然，它也会同时制约个人的伦理选择和价值取向。制度伦理规约的对象不仅有个人，还有社会组织、制度制定主体、制度内容本身，

这点是个人伦理所不能比拟的。但是，制度伦理的实现必须靠人的执行与实施，因此必须依靠个人伦理来保障。

行业制度伦理很重要的环节体现在职业道德规范的建设上。在翻译职业道德规范建设方面，西方发达国家起步较早，规范体系较为完善。近年来，我国也相继颁布了一系列相关的国家标准和行业规范，填补了这一领域的空白。通过对中西翻译职业道德规范的比较研究，我们发现，美国、澳大利亚等翻译产业化高度发展的国家，其职业道德规范建设有很多值得我们借鉴的地方。考虑到国际化和本土化的需求，我们认为中国翻译职业道德规范尚有待改进。特别是在当今信息化时代，翻译技术已经在翻译活动中得到普遍使用，正在改变着翻译产业和职业格局。由翻译技术和信息技术所带来的伦理问题，也应该通过制度伦理建设予以解决，不仅在翻译职业道德规范中得到体现，还应该通过其他相关翻译立法、规章以及指导性文件等形式给予关注。

只有建立健全翻译制度伦理，将翻译活动的伦理精神和价值意义实体化和结构化为制度，给翻译行业的从业者提供明确的制度化的要求，明示或者暗示人们必须遵守，翻译领域的伦理原则才有可能成为人们共同遵守的规范，这些伦理原则也才有普遍性地贯彻实施的前提条件。（骆贤凤，2009）

二、中西方翻译职业道德规范比较

几年来，我国的翻译和语言服务产业日益发展壮大。2010年，我国语言服务行业年产值达到1 250亿元人民币，2011年达到了1 576亿元人民币，增幅达26%。据测算，到2015年"十二五"结束时，我国语言服务行业年产值将超过2 600亿元人民币。[1] 随着北京奥运会、上海世博会等各项国际活动的广泛开展，口译业务成为语言服务行业新的增长点。但是，相对于发达国家的翻译职业化，中国的翻译职业化才刚刚起步。从业队伍良莠不齐、市场的逐利驱动造成的职业道德失范都要求我们进行行业规范以及

---

[1] 参见中国翻译协会发布的《中国语言服务业发展报告2012》。

职业道德建设。由于口译相比笔译涉及的服务领域更广，社会接触面更大，我们以口译行业为立足点，基于中国、美国、澳大利亚三国的职业道德规范文件进行跨文化比较，找出西方已有规范中值得借鉴的内容，为国内翻译职业道德规范建设提供参考。

（一）国内口译职业道德规范性文件

口译译员的职业道德规范除了全体翻译从业人员的规范外，还有专门的口译译员规范。国内有关译员的职业道德规范，主要涉及以下文件：

（1）2003年人事部办公厅印发《翻译专业资格（水平）考试暂行规定》，开始试行全国翻译专业资格（水平）考试，目前已经开设了二级、三级口笔译考试。[1]

（2）2003年发布中华人民共和国国家标准《翻译服务规范第1部分：笔译》GB/T 19363.1-2003；2008年的修订版GB/T 19363.1-2008代替了2003年的旧版本。

（3）2005年发布的中华人民共和国国家标准《翻译服务译文质量要求》GB/T 19682-2005。

（4）2005年中国翻译协会翻译服务委员会制定的《翻译服务行业职业道德规范》。

（5）2006年发布的中华人民共和国国家标准《翻译服务规范第2部分：口译》GB/T 19363.2-2006。

（6）2011年人力资源和社会保障部印发的《资深翻译和一级翻译专业资格（水平）评价办法（试行）》。[2]

通读国内各规范可以发现，其内容主要集中于口、笔译质量的保证和翻译产业的规范化经营，专门针对译员职业道德的规范性文件只有2005年中国翻译协会翻译服务委员会发布的《翻译服务行业职业道德规范》，

---

[1]　人事部办公厅.关于印发《翻译专业资格（水平）考试暂行规定》的通知[EB/OL].（2007-09-06）[2012-09-04].http://www.catti.net.cn/2007-09/06/content_75293.htm.

[2]　中华人民共和国人力资源和社会保障部.关于印发《资深翻译和一级翻译专业资格（水平）评价办法（试行）》的通知[EB/OL].（2011-05-03）[2012-08-04].http://www.catti.net.cn/2011-05/03/content_354389.htm.

在 2006 年的《翻译服务规范 第 2 部分：口译》国家标准文件中也仅有少量内容涉及译员职业道德。

（二）美澳职业道德规范文件

西方口译市场成熟的国家在译员职业道德规范方面的建设早已走在了前面。1994 年，国际会议口译员协会（AIIC）就制定了《口译人员职业道德准则》；[1]1995 年澳大利亚翻译协会（AUSIT）制定了澳大利亚全国通用的翻译行业《职业道德准则》（AUSIT Code of Ethics，以下简称"AUSIT 文件"）。[2]2010 年，澳洲翻译资格认可局（NAATI），澳洲唯一的翻译专业认证机构也针对翻译职业道德考试给出了详细的指南（Ethics of Interpreting and Translating: A Guide to Obtaining NAATI Credentials，以下简称"NAATI 文件"），[3]完成了对 AUSIT 职业道德准则的补充和支持。而在美国，各州甚至还专门针对医疗口译、法庭口译制定了详细的职业道德规范。比如，2002 年加利福利亚州针对医疗口译提出的职业道德规范（Standards for Healthcare Interpreters，以下简称"CHIA 文件"）。[4]

澳大利亚的两个规范文件是针对所有译员的全国性规范，美国的规范文件是地方性的、行业细分更专业的职业道德规范。这些不同层面的有代表性的规范文件会使我们对西方口译道德规范有更全面的认识。

（三）西方道德规范文件对中国职业道德规范建设的启示

通过对比中国的《翻译服务行业职业道德规范》（以下简称"TAC 文件"），我们深刻感受到国内译员职业道德规范建设才刚刚开始：中国的 TAC 文件仅 2 页，澳大利亚不仅有 AUSIT 制定的职业道德准则（8 页），还有 NAATI 为译员取得翻译资格考试而给出的职业道德指南（8 页），两

---

[1] AIIC. Code of Professional Ethics [EB/OL]. http://aiic.net/page/54.[2012-08-05].

[2] AUSIT. AUSIT Code of Ethics [EB/OL]. http://www.saludycultura.uji.es/archivos/AUSIT-CODE_OF_ ETHICS_(AUSTRALIA).pdf. [2012-08-06].

[3] NAATI. Ethics of Interpreting and Translating: A Guide to Obtaining NAATI Credentials[EB/OL]. http://www. naati.com.au/ PDF/Booklets/Ethics_Booklet.pdf.[2012-08-09].

[4] CHIA. CHIA standards for Healthcare Interpreters [EB/OL]. http://www.chiaonline.org/?page=CHIAS tandards. [2012-08-03].

个文件互相补充，美国 CHIA 文件最多，包括附件在内共 86 页。我们的规范建设还远远不够，这从文件的数量上可窥一斑。

中国的口译职业道德规范当然可以参照西方口译市场成熟国家的经验取长补短。诚然，职业道德作为劳动伦理的一部分形成于从事特定职业活动的一定时空、一定人群，其形成深深地打上了文化的烙印，但我们可以选择性地借鉴，对其可取之处进行本土化移植和改造。

中国人"人之初，性本善"的观念强调道德教化的功能，认为伦理规劝能使人达到"至善"的境界，因此很难产生重视制度建设的传统。（张珩、杨超，2012）西方社会基督教文化传统一向秉承"原罪"的思想，人性本恶的出发点使得西方国家偏好制定详细的规章制度和惩戒措施防患于未然。（姚艳梅，2010）我们应该看到，职业道德建设中道德教化固然重要，却不应该忽视制度的建设，全面、清晰、便于操作的制度规章会给从业人员提供行为准则、参照依据。

三、借鉴西方经验建设我国翻译职业道德规范体系

通过对比美澳规范文件，我们认为可以借鉴西方国家翻译职业道德体系建设的成功经验，扬长避短，从以下几个方面考虑建设和完善我国的翻译职业道德体系。

（一）　职业道德规范制定主体层级化

从规范的制定人来看，除了 NAATI 文件由澳大利亚翻译资格授予的官方机构制定外，其他规范均为译协制定。这说明各国译协在职业道德的规范建设中均发挥着重要作用。美国、澳大利亚规范的制定主体是多元的，有各个层级的译协，还有官方资格考核机构。随着翻译产业化的不断升级，口译职业化的不断深入，中国可以考虑由全国译协、各层级译协、翻译资格授予单位或国家的行业主管部门制定不同层级、不同目的、不同风格的文件，这样就能形成一股合力，全方位地提升职业道德规范的广度和力度。冯建忠教授早就已经呼吁过 CATTI（中国翻译资格考试）参与职业道德的建设。（冯建忠，2007）翻译教育单位和培训机构也应该早日将职业道德

规范纳入教育和培训的内容。

（二） 职业道德规范建设内容具体化

从文本条款和内容上看，TAC 文件多为凝练性原则规定，而西方文件都较为具体，其中 86 页的 CHIA 文件还包含有工作程序方面的细化规定。

人类学家霍尔（Hall）早就提出高语境文化和低语境文化的差异。（萨莫瓦尔、波特，2000）中国属于典型的高语境文化，很多信息的解读需要依靠大量的语境信息，因此我们起草规范时多假设读者应了解其背后的语境信息。美国、澳大利亚同属低语境文化，人们力图用最显化的语言传递信息，尽可能用语言划清一切模糊的界限。CHIA 文件在附件中还给出具体事例，帮助人们判断什么是符合职业道德的行为，以及如何做出道德抉择。

这两种文化显示在规章制度上各有利弊：高语境文化下规章涵盖面广，能够结合现实情况做一些变通和深入解释，但是模糊性、灵活性往往又削弱了规范的严肃性和约束力。低语境文化下产生的制度则大多具体、明确，便于操作和遵守，但有时显得繁琐，一些不合时宜的规定在来不及更改的情况下会削弱规范的权威性，针对尚未收录的新型失德行为有时会显得力不从心。如果中国的规范能够兼顾原则性规定，并加上细化的具体解释或操作性说明，不但能帮助译员从宏观上了解全局，看到行业的方方面面，而且也能更好地理解规范，以规范为参照进行自律。

1. 原则性规定具体化

比较各规范的内容，有一点很明确：各国译员应遵循的职业道德基本原则存在很多共性，都提倡诚信原则、保密原则、准确原则和译员中立原则。然而对于这些原则的具体理解和操作在实际运用中却并不相同。由于译员面对的是国际客户，译员的形象也代表着国家的形象，我们的行为规范在考虑国情的基础上，应尽可能与国际接轨。对这些原则应该从不同角度（比如工作程序、客户关系、工作评定等方面）进行规定。

比如有关中立的原则，在美国、澳大利亚文件中就有大量具体化的规定：

（1）Avoiding side conversations with either party. 避免与任一方单独交

谈。（CHIA）

（2）Interpreters shall convey the whole message, including derogatory or vulgar remarks, as well as non-verbal clues. 译员应该传递完整的信息，包括贬低语、粗口以及非语言信息。（CHIA）

（3）Decline to mix promotional activity for clients with interpreting or translation work. 应拒绝将口译、翻译任务与宣传活动混杂在一起。（AUSIT）

（4）Indicate clearly when interpreters are speaking on their own behalf ... 译员以自己的名义发表言论时应该明确示意……（CHIA）

（5）Shall not exercise power or influence over their clients. 不应该对客户施加任何压力或影响。（AUSIT）

（6）Shall frankly disclose any possible conflict of interest. 应该诚实披露任何可能的利益冲突。（AUSIT）

…………

从上可见，有了这些具体的内容，译者就不难全方位地理解中立性原则，对模糊不清的问题也能找到参照，做出明确的判断。

2. 工作流程规范化

AUSIT 和 CHIA 文件对译者的工作程序都做了详细的描述和规定，比如从任务开始到任务结束应该注意的细节都有涉及。这在我国的 TAC 文件中是缺失的。这一特点也反映出高语境文化与低语境文化之间的差异。在高语境文化中，人们比较看重自己的经验知识，不像低语境文化那样倚重语言信息，因此相对较少用文字去记录较为常见的工作任务，除非十分必要。高语境文化对社会规约中的常识一般较少提及，认为不用写进规范。而西方科学"理性"（张世英，2007）将自然规律作为认识的对象，习惯关注微观层面，将现象和对应的道德行为细化为可操作的规范。西方的科学理性带来的对微观层面的关注恰恰是我们国人所缺乏的。将译员工作程序合理地进行规范性描述，能够避免模糊，起到具体入微的指导作用。

3. 增设否定性规范

美国、澳大利亚文件中都出现了较高频率的否定性规范文字，如

CHIA 文件和 AUSIT 文件中经常出现"shall not"，"decline"等否定用词，而 TAC 文件中只出现了 1 个否定用词"杜绝"；这也说明了一个有趣的文化现象。在中国，由于受人性本善观念的影响，"道德具有宏观性及理想性，人们习惯从肯定的角度提出道德的绝对标准，道德成为大同社会的追求，人们努力的方向是在道德的绝对标准下通过自修的方式以达到"。而相比之下，西方文化人性本恶的观念，使他们习惯从原罪角度推断，树立严刑峻法。（张珩、杨超，2012）再者，西方科学理性不仅提倡证实，也提倡证伪，这里面暗含着否定思维，因此道德当然也可以从否定的角度提出可操作规范。现代的中国在市场经济体制下，传统的道德受到冲击，新的社会道德还在建设之中，仅仅靠树立榜样、确立正面的道德标准是不够的，应该明确地指出，尤其要指出那些不可为的行为，对于还没受到法律管辖但确属职业道德失范的不良行为，应该有行业内的惩戒措施，比如黑名单、曝光、取消其翻译从业资格等等。只有这样，我们才能从正反两方面加强规范的引导作用。

（三） 保护译者权利及工作条件

美国、澳大利亚文件许多内容都指向了译者的权利或工作条件（如下所示），这些条款在中国规范中多有缺失。

（1）Interpreters and translators ought to be given the opportunity to comment on any alterations made to their work as a result of a second opinion and/or review by other interpreters or translators. 对于其他译员审核译者产出时所做的变更或意见，译者理应有权进行评述。（AUSIT）

（2）Interpreters and translators are not responsible for what clients say or write. 译者对客户所说和所写的内容不承担责任。（AUSIT）

（3）If recall and interpreting are being overtaxed, interpreters shall ask the speaker to pause, then signal to continue. 如果记忆和口译负担太重，译者可以要求说话人停顿，并在合适的时候示意说话人继续。（AUSIT)

（4）CHIA also recommends that organizations employing interpreters help protect the health and well-being of their staff by offering workshops. 加利

福利亚州医疗译者协会建议译者雇佣机构应通过提供工作间的形式保护译者的健康和福利。（CHIA）

…………

这与我们对职业道德规范的理解有所不同。我们一般认为"职业道德，就是同人们的职业活动紧密联系的符合职业特点所要求的道德准则、道德情操与道德品质的总和，它既是对本职人员在职业活动中行为的要求，同时又是职业对社会所负的道德责任与义务"[1]。中国对职业道德的解释最终落脚于"要求、责任与义务"这几个中心词。而参考维基词典对职业道德的解释，职业道德规范的目的不仅仅是对客户、对社会负责，同时也要保障从业人员的利益以及行业的尊严："Most professions have internally enforced codes of practice that members of the profession must follow, to prevent exploitation of the client and preserve the integrity of the profession. This is not only for the benefit of the client but also the benefit of those belonging to the profession."[2] 从上述的差别中我们不难理解美国、澳大利亚文件为什么会有较多的关于译员工作条件以及译员权利的规定。西方劳动保护发展到较高阶段，人们普遍具有较强的自我保护意识，各级法律及规范的建设比较全面，在现实中的执行也比较到位。而中国译员自身劳动权利保护意识薄弱，整个社会也没有形成良好的保护机制，这就使得行业协会作为领头人在这方面意识淡漠。中国应该将译员的知识产权、工作条件以及其他权利的保护写进行业准则，最好能写进国家标准文件。只有意识先行，才能在今后的职业活动中通过全体译员的努力，逐步达到保护从业人员权利、维护行业形象和尊严的目的。

（四）职业道德规范中的法律意识

CHIA 文件解释了规范制定所依据的法律，对译员权利和工作条件的保护，以及对译员工作中遇到的违法、违规现象都做出了具体规定，这些

---

[1]　该定义见中国就业培训指导中心编写的《职业道德》，中央广播电视大学出版社，2010 年。

[2]　Wikipedia .The Free Encyclopedia. Professional ethics[EB/OL]. http://en.wikipedia.org/wiki/Professional _ethics. [2012-08-03].

体现了规范中的法律意识。比如 CHIA 文件中提到的"译员应对医疗服务中存在的歧视积极采取作为"是保障公民权利法律意识的延伸。另外，法律意识还体现在译者与同行以及客户的关系方面。在中国，一般译员完全可以自行选择客户，而 CHIA 文件却有另外规定：如果其他口译机构的客户直接接触译员，译员有责任先与该机构沟通，这里实际上是显示对其他机构的尊重。如果一项法律事务的双方都请译员承担口译，译员应该优先为先提出请求方工作，这实际上是维护公平秩序，起到信息保密的作用。两条规定都是为避免市场经济环境下的无序竞争而做出的约束。作为代表行业高水平的职业道德规范，理应参照法律规定，在行业活动中体现法律精神和法律意识。

（五）职业道德规范中的人文关怀

从语言风格上来看，TAC 文件较之其他三个文件用语更正式、更规范。这与中国的高权利距离文化相关。权利距离是荷兰著名学者霍夫斯泰德（Geert Hofstede, 2010）提出的四大文化维度之一。根据霍氏对各国的调查评分，中国的权利距离指数为"80"，美国、澳大利亚分别为"40"、"36"。[1]因此，虽然各国法律用语都极为正式，且术语专用，差别似乎不大，但是职业道德规范文件并不是真正意义上的法律文件，而是为职业操守制定的制度性规定，需要靠行业内全体从业人员积极遵守才能实现。中西文化的差异在这类文件上就显现了出来，西方社会的规约在语言上更平实，距离感更近。比如 NAATI 文件中出现了第二人称"you"，采用了一种互动的沟通方式。而 CHIA 文件中交代了很多有关该标准制定的背景信息，省去了带有强制性语气的"shall/ should"，将读者置于较为平等的地位。由于职业道德规范对译员的自律性要求很高，距离感更近的语言能更好地产生教化功能，提高规范的接受性。因此我们一方面可以使用平实语言阐述原则性规范，另一方面对于操作性规范可以学习西方，采用距离感较近的语言，甚至可以使用有感染力的号召性语言。有关职业道德规范的文件和材

---

[1] Geert Hofested. National Culture Dimensions [EB/OL]. http://geert-hofstede.com/national-culture.html. [2012-08-17].

料可以有不同的层次，既有原则性规定的正式文件，又可以有配套的辅导材料，正式文件配套的辅导材料可以尽量贴近译者工作现实，从另一个角度提高规范的教化和感召功能。

美国、澳大利亚文件中除了义务性规定外，其对译者权利的保护、对译者的职业发展等方面都体现了相当的人文关怀。比如 CHIA 文件阐释了为什么在医疗服务中必须使用职业译员的原因（而不以官僚作风直接规定），其目的是进行心理说服。该文件还人性化地提出由于维护患者权益需要较高的技能并会给译员带来风险，译者对医疗机构歧视患者的行为是否采取行动拥有选择权，这是一种务实的做法。不过，涉及公共秩序和公共利益时，译者中立以及保密原则的规定却不再适用，以促使译者承担起维护公共秩序和利益的责任。如此有所区分地对待责任和义务，也是人文精神的体现。

在国内，规范作为上级规定性文件代表着权力和威严，很少解释目的并给出实例帮助理解，更谈不上什么选择权了。殊不知在民主化的社会，规范如能加入人文关怀的因素，将会大大促进规范的普遍接受和执行到位。

虽然西方国家规范中有很多值得我们借鉴的内容，在具体的操作中我们也应当充分考虑中国国情以及中西方文化差异。比如我们在撰写有关客户关系、中立原则、准确原则、诚信原则、保密原则等的具体规定上，进行本土文化兼容性考量。应该看到，职业道德建设是一个动态的长期过程，在其发展过程中一方面应该与国际接轨，另一方面也应该充分地考虑本土法律、道德价值观，并赋予一定的人文关怀，这才能彰显其作用和执行力。

四、译者多重角色与职业道德规范

（一）　译者角色

译者角色自 20 世纪 70 年代以来就是口译产品研究领域中的重要课题之一。最早进行译者角色研究的布鲁斯·W·安德森（1976）在《译员角色面面观》中提出，译者在交际活动中的立场不一定完全中立，甚至在交际中占据赋权的地位。贝尔尼埃（Pergnier, 1978）指出译者不仅是两种语言

间的协调者，更是交际双方及其所代表的两种社区的协调者。在译者角色
有更严格规定的法庭口译中，朗格（Lang, 1978）发现，译者也不是官方
规定的被动参与者而是非常积极的参与者，其在交际互动中的参与度取决
于实际协商情况。伯文（Bowen, 1987）指出了会议口译员在国际交流中
的咨询员角色及作用。福勒（Fowler, 1997）在《法庭译员：完美者与入侵
者？》一文中也探讨了译员在法庭口译情境下的角色选择。以瓦登斯约为
主（Wadensjö, 1992/1993/1995）的学者们从社区口译的各种形式入手，描
述译员在真实工作现场扮演的角色。国内学者任文、蒋莉华（2006）在《从
话语分析的角度重拾口译人员的角色》中，也揭示了联络口译员的显身意
识和非中立立场。在近期研究中，蒋莉华（2011）通过建立三方会话口译
模型解释了译员的显身性如何体现在译语产出中。张威（2013）的《会议
口译员职业角色的自我认定调查》也显示了译员角色并非一成不变。赫莱
兹（Herraez）等学者亦发现，虽然译员会根据不同机构的特点进行自我调整，
但在大多数情况下，都会超越职业操守要求的角色范围，发挥更多的功能。
（仲伟合，2012）

现实与理想之间的矛盾看来似乎永远无法调和。尽管学者们在研究
领域发现了现实中译员的角色扮演存在众多与职业道德规范要求相悖的地
方，但是各国职业道德规范的制定仍然将译者的角色限定在了一个狭小的
范围内——传统的翻译角色，即语言信息转换员角色。这从规范中大量关
于"忠实"、"中立"以及"诚信"原则的具体规定中得以充分体现，也
是上述学者的研究中质疑最多的部分。无独有偶，澳大利亚译者协会2012
年12月颁布了最新版的职业道德规范，新增加了明晰角色界限条款"Clarity
of Role Boundaries"，其内容为：

The focus of interpreters and translators is on message transfer.
Practitioners do not, in the course of their interpreting or translation duties,
engage in other tasks such as advocacy, guidance or advice. Even where such
other tasks are mandated by particular employment arrangements, practitioners
insist that a clear demarcation is agreed on between interpreting and translating
and other tasks.[1]

---

[1] 该版本为目前最新版本，参见：AUSIT. AUSIT Code of Ethics [EB/OL].http://
www.ausit.org/AUSIT/ Documents/Code_Of_Ethics_Full.pdf. [2013-04-15].

译文：笔译员和口译员的工作重心应是信息传递。从业者在进行口、笔译工作时不得担负其他诸如倡议、指导、建议的任务。即使客户通过雇佣协议委托这些其他任务，译员应坚持划清口、笔译工作与其他工作之间的界限。

由此看来，AUSIT 在修订职业道德规范时已经意识到了译员的多重角色问题。但是新版规范中只是提到，译员应该要求雇主对其承担的笔译、口译任务与其他任务进行清晰的区分，译员的主要任务仍然是信息传递，不得在其服务过程中提出倡议、指导或建议。修改后的规范仍然和以前1996 年的版本一样，强调围绕译者语言转换角色所应当遵循的中立、忠实、诚信原则等具体规定。由此看来，译员多重角色与规范规定不符的问题仍然没有得到妥善解决。其实，如果以下关于译员多重角色的三个基本问题处理不好，各国现行的职业道德规范对译员角色界定过窄的问题就不会得到根本性的解决。

（二）译员职业角色的多重性

个人在社会中扮演的角色是多元的。在从事职业活动中，由于翻译活动的复杂性和语言交际的互动性，译员涉及的角色也绝不是单一的。为适应翻译活动中涉及不同性质的工作内容的需要，为客户提供满意的服务，译员必须具备多种职业知识、技能和素养，主要包括：语言知识、百科知识、跨文化敏感意识、双语转换能力、沟通技能等等。例如，在广告翻译活动中，译员不仅仅需要做好语言转换，同时还部分承担了跨文化营销员的角色；在本地化翻译活动中，译者要集语言信息传递、软件、排版技术、图文设计等技能于一身；即使在传统的联络口译中，译者通过话轮转换、提问、建议性干预等显身，承担了不仅仅是"语码转换器"的角色。译者的工作环境从来不是在真空中进行的，哪怕是单独工作的译者也会受到影响翻译活动诸要素的制约。另外，大量企业和机构拥有自己的全职译员，对译员的工作赋权早就超出了传统的语言转换者角色，他们大量地承担着诸如信息情报员、谈判助手、商务联络员、社区协调员等多元化的角色。

翻译活动是有目的的跨语言、跨文化信息传递活动，这一本质使得译员的身份往往由其扮演的多重角色复合而成。但是，现行职业道德规范中大量的具体规定都指向了译员作为语言转换者的角色，这种过窄的角色定位势必会造成客户对译员的角色期待与译员遵从规范要求而实施的角色扮演产生冲突。这种冲突反过来会影响译员对角色的认知，在极端的情况下，规范与现实的矛盾甚至会造成译员角色不清、无所适从的困境。

1. 社会角色要求与译者的多重角色

社会角色理论由乔治·米德教授（George Mead）提出来。他将社会看成一个大舞台，将社会成员当成剧中角色，分析社会关系和解剖社会结构。社会心理学一般把"角色"定义为"个体在特定的社会关系中处于一定位置时所执行的职能"。在社会学理论里，"角色"被用来解释个体的行为，不仅反映了个人的特定身份、地位和行为模式，还包含了社会对某特定身份人的行为期待。（郑杭生，2002）1959年，美国社会学家戈夫曼（Erving Goffman）提出了"角色差距"，指出人们对某一角色的期待与个体扮演这一角色的表现之间可能会产生差距。随着角色理论的不断完善，其内容包括了角色期待、角色认知、角色形成、角色扮演、角色规范、角色差距、角色不清、角色冲突、角色调适和角色整合等核心概念。（风笑天，1997）

个人在社会中拥有多重身份是确定无疑的。职业的社会性、翻译活动的复杂性也必然使多重角色在翻译这一职业上产生重合，使译员在翻译工作中同时面临不同的社会角色。笔者认为，这些职业角色通常可分为一个基本角色（由职业的本质特点决定）、主导角色（由阶段性的工作内容决定）和次要角色（阶段性工作所涉及的非主要活动）。一般情况下，阶段性工作内容与职业本质相符时，基本角色和主导角色产生重合。但如果阶段性工作的重点超出了该职业本质属性的范围，在特定的条件下，某一次要角色可以上升为主导角色。比如，医疗口译中阶段性的工作内容要求病人所述被准确无误地进行翻译时，译员的主导角色就是职业的基本角色，即信息传递员的角色。但当阶段性工作要求译员对病人激动情绪予以安抚时，作为社区工作人员的次要角色在那一时刻就上升为主导角色，并指导译员采取相应的行为。

译员的基本角色首先是语言信息传递者的角色。但是，语言的使用总是与一定社会条件和社会活动相联系，由于信息传递的目的不同、时空条件不同、对象不同等等原因，译者在担任信息传递员角色的同时还必须承担其他角色才能完成翻译这一复杂的语言交际活动。译者承担的多种角色之间并不必然矛盾。如上所述，当译者的工作任务与职业本质属性一致时，译者的基本角色就是其主导角色，其他次要角色或显或隐地为主导角色服务，帮助完善主导角色的建构。但在特定的场合，如果阶段性的工作任务超出了职业本质属性（或原型范畴），译者为完成特定的任务，会凸显某一与其工作任务相符的角色并选择服从该角色的价值观，该凸显角色便上升为阶段性的主导角色，其价值观会决定或影响其他角色包括基本角色的价值观。当不同角色的价值观产生强烈冲突的时候，本阶段主导角色的价值观会表现出跟基本角色价值观相悖的言行。这就很好地揭示了为什么有时候译者为了完成沟通任务会违反译员的中立性，或者为了译文的可接受性可能会违反译员的忠实原则。这是因为包含在翻译活动中的特定的工作任务要求译员的其他角色突显，成为执行该任务时的主导角色，而翻译原型中的基本角色相对于主导角色暂时退居次要的地位。一般来说，译员的基本角色是相对固定的，基本角色、主导角色和次要角色之间可能发生转换。当不同角色的行为规范不一致时，会产生主导角色行为规范抑制次要角色行为规范的现象，当然也不排除译员的基本角色和次要角色对主导角色仍然存在一定程度的影响。

2. 译者角色冲突

译员在职业活动中涉及的角色冲突主要有两种：角色内冲突和角色间冲突。

角色内冲突是指由于角色互动对象对同一角色抱有矛盾的角色期望从而引起冲突的情形。[1] 译者的角色内冲突有两种情况：①译员在工作中与不同的参与方在角色利益上对立、角色期望上有差异，或是人们没有按角

---

[1] 参见全国 13 所高等院校编写组编写的《社会心理学》，南开大学出版社 1995 年版，第 82 页。

色规范行事等原因引起的。比如客户对译员的期待与译员对自身角色的认知产生矛盾，客户要求译员提供超出其工作范围的要求；出版商要求译者迎合出版市场对作品的品味与译者对原作的理解之间产生差距；商务谈判中各参与方所雇佣的译员选择不同立场——凡此等等，都属于角色内冲突。这类角色内冲突在职业道德规范中都有比较详尽的规定，主要体现在译员与雇主关系、同行关系等方面的调整上。②同一角色需要在对立目标之间做出选择时产生的内心冲突。译者常常面临的选择是：一方面要忠实原文；另一方面又应满足译语的交际效果。语言的形式与效果在两种不同的文化和语言体系中的非对等关系决定了译员选择的多重性和矛盾性，译员即使在承担单一角色时也仍然可能面临冲突。这时冲突的解决要靠翻译理论对译者实践的指导和译者自身内化的翻译理念来完成。[1]

角色间冲突是指因多种社会地位和社会角色集于一人之身，而在其自身内部产生的冲突。[2] 具体到翻译行业，即译员同时承担的不同角色之间的冲突，这也可以分为两种不同的情况：①译员承担的多种社会角色同时对他提出了角色要求，使他难以胜任，这时便发生了角色间冲突。这种情况涉及译员本身的能力和资质是否适合基于不同目的的翻译工作的需要。比如企业要求译者收集情报并编译出版行业内部资讯，该译者可能由于缺乏编辑工作的认知，从而产生角色间的冲突。②译者承担有几种角色，而其行为规范互不相容，这时也会产生角色间的冲突。上述第二种情况是学者们关注的主要矛盾。由于译员工作的多重性，不同角色利益上的对立、角色期望的差别以及不同的角色规范等原因都能引起角色间的冲突。例如，作为情报收集员的译员在情报收集者和语言服务者两种角色中常常就遇到不同程度的冲突，情报收集者重要突出情报的价值、时效、效率等方面，常常需要对信息进行加工、分析甚至整合，这与传统的语言服务角色要求信息等效是相悖的。提供社区服务的译员，其社区服务员的角色通常要求其与服务对象培养信任、建立友谊，以便社区工作的顺利开展，但是

---

[1]　这一点不属于本书论述的重点。

[2]　参见全国 13 所高等院校编写组编写的《社会心理学》，南开大学出版社 1995 年版，第 81—82 页。

这与传统的译员角色必须保持中立的规范又相背离。由于具备跨文化的沟通技能，译员在社区工作、商务接洽、导游服务等不同的工作场合下都承担了另一重要的角色——跨文化沟通员的角色，而不仅仅是语言转换服务。尤其是企业全职译员在企业的跨文化沟通任务中承担了积极参与者的角色，通常被告知会谈的目的，并被允许实施一定的干预和建议，以顺利、快速地完成沟通任务。译员通常可以指出双方对话中存在哪些可能的误解和文化上不易理解的部分，从而建议说话人调整说话内容。

3. 译者的多重社会角色重合与剥离

译员如何处理职业活动中的角色重合？首先，译员应该明确翻译职业的基本角色，即剥离翻译多重角色后保留下来的翻译原型活动中应该承担的责任和义务。根据对翻译的本质认识，以及翻译原型活动的要求，译员的基本角色是立体语言信息转换。这一基本角色的核心价值观是忠实、中立地完成不同语言信息的等量、等效转换，使得信息在语言转换中尽可能地保真、保全。考察译者是否合格，首先应考察其是否能担当基本角色。如果因为译员无法胜任基本角色，转以其他角色为借口降低译员基本角色的要求是不可行的。当然，这一基本角色的要求可以针对不同难度的翻译任务有不同的级别考察，译者在所属的级别区间内应该有能力达到该类信息保真、保全的基本角色要求。

译员只有在胜任其基本角色的基础上不断培养自己的其他职业能力，才能应对现实工作中的多角色要求。多角色的扮演不是承担不了译员基本角色的借口，也就是说译员同时肩负的其他角色应该为译员的基本角色带来附加值，而不是将其基本角色淡化甚至是悬空。

角色伦理讲究以名定责。（张钦，2012）我们首先应肯定现实翻译工作中译者的多重角色常常重合为一体的特性，尝试对译者的多重角色进行剥离，对翻译职业涉及的典型角色予以定名，再参照每个角色所赋予的职责和义务，对不同角色可能产生的冲突提供解决的办法、原则和机制。就如同我们在进行道德选择时，必须确定哪一条原则应当优先适用。我们对翻译伦理的研究、对译者角色的研究自然可以扩大到如何处理角色伦理的冲突问题，主导角色价值观与基本角色以及次要角色价值观如何相互制约、相互辅助的问题，等等。

（三）多重角色译员的社会历史作用与职业化前景

翻译在人类的文化交流和社会进步方面做出过巨大的贡献，历史上做过巨大贡献的译者往往身兼多种角色：佛经翻译者本身就是佛学大师，文学翻译者也可能就是文学巨匠，科技翻译者本身就是科学家或某一领域内的专家，法律译者本身可能是政治家或文化大使。然而，随着翻译职业化进程的深入，社会分工的不断细化，翻译角色受到越来越严格的限制，译员的作用被进一步限制在语言转换层面。我们应该看到，这只是翻译职业化的一个进程，是专业细化和社会分工细化的产物。然而，随着信息技术的广泛使用，机器翻译的不断优化、国际工作语言英语的普及、人才的国际流动，翻译职业受到了前所未有的挑战。如果我们固守传统的翻译业务，不为翻译行业寻找新的产业附加值，那么，一方面从业人员将适应不了现代社会在社会分工细化之后出现的对复合人才的需求，适应不了信息化社会中信息传递的多样性和复杂性，也难以提供高标准、高效率、高附加值的信息传递服务；另一方面传统的翻译业务会因为机器翻译、网络众包翻译（crowd sourcing）的出现产生一定程度的萎缩，造成部分从业人员生存条件恶化的状态。因此承认翻译的多角色重合、提供高附加值的翻译服务将成为行业发展新的驱动力。

在当前全球化趋势下，各个民族都有了解世界和被世界了解的需求，译者在民族文化对外传播的浪潮中再次被推上了历史的重要舞台。然而，民族之间的了解和被了解已经不再限于语言转换那么简单，由各民族话语构筑的世界及其背后的权利、政治、意识形态均是操纵翻译活动看不见的手。以引领民族文化复兴运动的中华文化外译为例，其对外传播就受到了文化传播系统中多种因素的制约，这里面有国家行为、民族心理和审美、信息传播途径、文化产业市场运作等诸多因素在起作用。译者作为民族文化的对外传播者，肩负的是一项伟大的历史使命，单纯地从事文字转换是无法适应当前国际政治形势下的文化传播任务的。有着高质量综合素质的译者，会结合翻译目的，权衡所处的翻译语境，在工作中阶段性地发挥不同角色的功能，达到有效对外传递民族文化信息的目标。

最后，作为指导翻译行业的职业道德规范，一方面负有规范行业和行业从业人员的责任，另一方面也负有提升和保障行业工作条件和社会地位并树立行业尊严的义务。译员的职业崇高感来自社会对翻译职业的认可和自身对翻译职业的认识。如果翻译行业内部都不承认和开发翻译职业中大量存在的高附加值产业，又如何履行其行业带头人的角色，帮助从业人员树立职业自尊，发展职业潜能呢？只有业内首先树立翻译职业的多重角色，培育高附加值的翻译产业，才能逐步改变社会对翻译职业的偏见和成见，提升译员对职业的认识、树立职业尊严和荣誉感。

（四）建立基于角色伦理的职业道德规范

由上述分析，我们不难发现，指导翻译行业的现行职业道德规范对翻译从业人员所承担的社会角色定位过窄，造成了大量现实操作与规范要求相悖的问题，不利于从业人员的"角色认知"（陈卫平，1995），不能很好地处理工作中的角色冲突尤其是角色间冲突。承认翻译职业的多重角色重合并在实际工作中将各个角色剥离，分析不同角色应当承担的义务和责任，并采用角色伦理的优先原则解决角色冲突问题，将从理论和实践两个方面解决长期以来争论不休的译员角色问题。译员角色的研究以及翻译伦理学研究的范围也可以扩大到不同角色伦理的冲突解决机制，翻译伦理学的研究将不断深入。

第八章 翻译技术的伦理问题及其制度解决途径

在当今大数据时代，海量的跨语言信息处理与传播的需求，使得传统的翻译活动对信息技术的需求与依赖程度日益提升。术语提取、翻译记忆、机器翻译、机辅翻译、云翻译平台、大规模语料库等技术的推广和应用大大改变了翻译的工作模式、翻译产业的运作模式、翻译的教育模式等一系列翻译社会实践活动。信息技术对翻译职业的影响、对翻译产业的影响、对翻译教育的影响、对人们翻译观的影响乃至对人类跨文化交流的影响将是深远的。技术的应用所引发的翻译实践中新的伦理问题我们不得不予以关注。

一、应用伦理学中的技术伦理

20 世纪上半叶经历的战乱、种族灭绝、大规模杀伤武器以及后续暴露出来的工业文明对生态的破坏，各国政治、文化革命、性革命等伦理问题使伦理学转向关注实践道德问题，引发了应用伦理学 20 世纪六七十年代的兴起，涌现了许多专门领域的研究，如科技伦理、生命伦理、生态伦理、经济伦理、政治伦理、网络伦理等。

科技一体化的今天，科学与技术的分界越来越模糊，出现了科学技术化，技术科学化的局面。(张渝政，2012)[1] 由于科学技术具有动机的探索性，其实践受到多种社会外部因素的影响，其实施效果也能产生正负两种向度，在科技是第一生产力的全球化知识经济时代，科技对社会、对人类的影响

---

[1] 本书并未将"科学"与"技术"分别论述。

是巨大的。贝克（Ulrich Beck, 2003）指出，随着科技的发展人类已经从工业社会进入风险社会。传统风险主要是"来自外部的，因为传统或者自然的不变性和固定性带来的风险"；而风险社会中的风险则主要是"被制造出来的风险"。因此冯昊清（2010）提出安全是科技伦理的首要原则。这里所说的安全，既指主体的生理、财产等客观实在的物理安全，也指主体尊严、自由、荣誉等观念性的安全；既指主体的生存发展在当前和未来不被侵害，也指现在和未来的基本需要得到保障不至匮乏。

当然，技术伦理不仅仅局限于技术对人类以及社会安全的考量，也同时涉及其他广泛的议题，如学术自由与责任、科技伦理教育、科技人员职业道德、知识产权保护等。尽管议题众多，技术伦理的实质就是从伦理的角度规范技术开发、使用者的行为，评价技术可能带来的物质、观念和社会风险，将人文主义的关怀注入工具理性的反思。

作为技术活动的翻译活动适用哪些直接与翻译相关的伦理价值原则？我们不能简单地照搬应用伦理学中已有的成果，只能立足目前的翻译实践，从技术对翻译系统以及其他社会系统的影响入手，结合翻译主体、翻译活动、翻译系统本身的伦理属性探寻答案。因此，第一步首先得分析技术在翻译中的使用以及其对翻译的影响。

二、翻译与技术的使用

现代技术在翻译活动中的使用主要可以概括为以下几类：

（1）信息技术帮助译者与其他翻译活动参与者（如客户、同行、翻译公司、出版社、读者等）进行沟通并辅助生产译文。大量信息技术的产生和应用使得译者不再是"手工作坊者"，他们可以通过各种信息技术手段诸如电子邮件、微博、微信、社交平台、个人网页等发布自己的作品、译言译论、学习资料等材料，并与客户、同行译者、翻译公司等进行在线实时交流，争取更多的工作机会。在翻译的过程中，也可以通过在线电子辞典、搜索引擎、语料库、翻译软件、google译者工具包等帮助查找、使用语料，生产译文。

（2）翻译机构以及译者（包括职业译员与非职业译员）广泛使用机

辅翻译以及机器翻译。随着越来越多的免费翻译软件的普及，翻译机构以及翻译从业人员已经意识到信息技术能力已经成为翻译能力的一个不可或缺的部分。借助免费或购买的翻译软件，译者和机构都可以积累自己的翻译记忆库、术语库等，并在此基础上利用机辅翻译或机器翻译进行初步翻译，最后再进行译后编辑，大大提高了译文的生产效率。这些翻译记忆内容被译者和翻译机构视作自己可以利用的语言资源，也即生产资料的一部分。

（3）云翻译技术使得多人协同翻译可以在云端完成。翻译产业现在已经演变为现代语言服务业的一部分。语言服务业从以传统翻译业务为主走向本地化、全球化、一体化。语言服务的大型项目要求各种产品能够在世界各地同时发布，这就意味着短时间内处理多语对的海量语言信息，因此要求分布在不同地方的多语对组合译者能够在统一的翻译平台上协同工作，不仅仅利用有限的公司翻译记忆库，还可以在无限的大型数据运算的基础上进行工作。

（4）翻译本地化业务融合了大量的技术元素。本地化的输入是源语言的产品（包括软件、网站、用户手册、多媒体材料等），输出是目标语言的产品。本地化工程技术包括软件工程、翻译技术和质量保证技术，包括软件国际化设计技术、计算机辅助翻译技术、术语管理技术、译文质量检查与统计等技术。（崔启亮、胡一鸣，2011）

（5）信息技术参与翻译业务的宣传、营销、人力资源、项目管理等方面。由于翻译产业的壮大以及与全球化语言服务业的融合，信息技术在翻译产业的应用不仅仅体现在翻译的生产方面，同时也大量用于业务宣传、品牌营销、人力资源管理以及项目管理等方方面面。实力雄厚的语言服务商往往拥有更为高端的技术系统用于管理全球翻译业务运营的整个流程。

（6）信息技术在翻译行业协会自组织中的运用。互联网时代、自媒体时代，时空的跨越性、低廉的沟通费用、民主化进程对自治行业协会的支持，使得越来越多的个人或组织能够通过操纵网络媒体吸收会员，实现一定的政治、经济、文化目的。除了全国统一的行业协会（有的国家行业协会带有半官方性质，如中国翻译者协会；而有的国家行业协会完全是民间组织），由译者自发组织的协会形式变得越来越分散化、多元化、特色化。

人们甚至不需要实际的办公场所，仅靠网站的信息化技术就能完成吸纳会员、管理会员、发布信息、会员交互、业务促进等重要功能。信息技术使得这种行业协会的自组织程度越来越高，准入门槛越来越低。我们只要能发展足够的译者，就能组成译者协会。

由此看来，信息技术、翻译技术已经深入到个人、机构乃至整个行业的发展与管理，其对译者工作方式、产业运作方式、行业培训方式等的深刻影响已经引起了学者们的注意。

三、技术在翻译领域引发的伦理关注

皮姆（Pym）是关注技术对翻译影响较多的学者，他在《翻译伦理与信息技术》一文中（2003）指出：信息时代翻译伦理指向了译者群体责任；技术将我们引入了团队作业、改写、无固定作者的原文生产时代，动摇了传统的忠实伦理观而转向实现客户的翻译目的；译者的德行不再是单一的忠实，需进行多维度的考量。但是，翻译技术带来的去语境化也使得译者更趋向回归到 20 多年前流行的语言形式对等，产生所谓的"阻抗式"翻译。最后翻译记忆应使得译者进一步反思如何对待忠实。之后，他与 Alexander Perekrestenko 和 Bram Starink（2006）一起主编的《翻译技术与教学》中分别介绍了翻译技术的发展、本地化与译者培训、技术对翻译教育的影响等。2011 年，他在《技术如何影响翻译》中着重阐述了翻译记忆与译者翻译选择效率；机器翻译以及翻译记忆技术使译语生成更多考虑语言纵向组合而干扰了语言的横向组合；技术使得价格、效率成为追逐的对象导致质量受到影响；技术的参与使得大量非职业译员承接翻译业务，与职业译员共存；技术的使用并不一定带来去语境化的问题，相反技术使得各种翻译问题的交流和对话成为可能；技术虽然不会带我们走向叙事的建构，但其带来的对话（而不是叙事）将成为技术中新的人文因素。

Dorothy Kenny（2010）探讨了基于统计原理的机器翻译的伦理问题，他指出当前的翻译伦理主要从译者自身的品德和责任出发，很少考虑他者对译者决策的影响。他从 Melby 和 Warner 思考的交际伦理中的人际影响因素出发，指出机器翻译应考虑如何将话语中的人际影响因素更多地引入。

机器翻译伦理应充分考虑机器翻译系统开发者、委托人、使用者、译者、原文作者、译后编译人员、翻译教师和学员之间的关系。他提出由于机器翻译涉及人工翻译资料的再使用，作为大数据的一部分，译者共享的资料是否应该当作自然资源进行利用还是予以一定程度的认可？译后编辑对传统翻译模式的冲击以及其翻译质量与译者追求卓越的理想之间的矛盾，这些都需要基本的伦理阐释。

此外，技术对翻译的影响及相关伦理思考还零散地见于翻译技术开发与应用、翻译技术与翻译教育、翻译职业道德规范、译者能力、自由职业者生存现状、翻译行业协会的组织等方面的研究。

四、翻译的技术伦理关注及制度化解决途径

翻译技术的大量使用使得传统的翻译系统产生了巨大的变化，而翻译系统的内部变化对外部其他社会系统又会造成影响。笔者认为翻译技术所带来的伦理问题主要是由于翻译技术的利益相关者对翻译技术的影响持有不同的认识和价值观引起的，根据目前反映出来的问题主要可以概括为以下几点。

（一）翻译的职业化、专业化与大众化之间的矛盾

20 世纪 50 年代以来，随着全球一体化进程的加快，翻译逐渐完成了其职业化进程，并不断向着专业化方向发展。然而随着互联网的使用、信息社会的高度发展，市场的需求越来越大众化，越来越多的翻译需求走入普通人的日常生活，大众希望能以低廉的成本跨越语言障碍攫取对自己有价值的信息，其中一部分对译文的语言形式及原文译文的对应程度要求并不高。一方面翻译的职业化、专业化是行业发展的必然趋势，质量是标杆。但翻译职业化、专业化所提供的服务却跟不上日益增长的市场大众化需求。这就使得机器翻译和低质量的翻译乘虚而入，而大众却不加鉴别地进行使用，使得翻译市场呈现混乱的局面。如果翻译的职业化过程能充分考虑市场的大众化需求，提供不同层次的、不同目的的翻译服务，降低翻译市场的准入门槛并分层次进行管理就能够满足这种大众化的需求，同时也应积

极想办法提高现有大众化服务的质量。

另一方面，大众化的需求、信息技术以及翻译技术效率的不断提高，使得大量的业余译者通过网络提供免费或付费的翻译服务，大量需要翻译的客户也通过各种翻译技术使用免费或付费的翻译服务。翻译技术开发者的愿景是将来全球 90% 的语言障碍都能通过机器翻译等翻译技术予以解决，使得人们使用翻译就像使用水电那样便利，成为人的一项基本权利，为人类相互了解、相互交流做出贡献。这实际上也是翻译大众化的一种表现。翻译技术带来的翻译大众化却使得从业人员芜杂松散，翻译质量下降，行业标准难以真正建立起来，而翻译的职业化、专业化却要求制定相关的行业标准，不断提高翻译质量和行业形象。传统的翻译艺术在翻译技术的洪流下不断受到冲击，失去了职业化、专业化中神秘而尊贵的面纱，职业的尊严和崇高感被机器和技术的使用所冲刷，译者变得如同在流水线作业的工人，或是机器的维修工，似乎只在维持机器的正常运转。

就翻译实践而言，我们不能因为技术带来的大众化淡化了翻译职业头上的光环就否定翻译技术本身。其实，技术活动是人类利用技术改造自然、改善生存的能动性活动，技术本身并无价值取向，技术的应用却融合了人的价值取向抉择：效率与质量、准确与谬误、责任与随心所欲、沽名钓誉与追求真理等等冲突无不体现在技术应用中，一旦失去了正确的价值观就可能造成技术的滥用。翻译涉及的技术伦理应该指导所有翻译活动利益相关者（包括翻译技术开发者、原作者、译者、发起人、读者、翻译使用者、出版商等等）充分考虑技术滥用可能带来的包括质量在内的一系列问题，以及如何进一步防范各种问题的扩大化。

如何处理翻译职业化、专业化与大众化的矛盾？从制度上来讲，一方面职业道德规范中应强调译者自身的技术素养，懂得使用现代化的翻译工具，使得翻译技术成为译者能力要求中的技术使用能力，为译者追求卓越的理想服务；翻译机构、翻译协会对译者技术素养也担负着不可推卸的责任，应该定期举办相关培训。另一方面，翻译产业政策应该鼓励根据客户的需求进行市场细分，甄别不同层次的翻译需求，通过等级资格将翻译从业人员队伍层次化。除了满足大众化的需求外，翻译产业政策中还有一部分应该鼓励发展高端、高附加值的语言服务，使得相当多的职业译员能在高附加值的工作中挑战自我，更多地体现自身的价值。

（二）语言的自然性与机械化之间的矛盾

人类语言的产生具有自然性，语言符号的能指和所指之间存在着任意性，我们可以观察到自然语言中语言符号横向组合的过程中存在着很多打破语言规则的组合现象，比如省略、倒装等语言现象，这在一定程度上其实也体现了一定的语言符号组合的任意性。此外，歧义性也是自然语言的典型特征。对机器翻译而言，歧义和语言规则的任意组合是机器理解自然语言的致命弱点。为提高机器翻译效率，越来越多的要求指向对源语的控制和改写，以提高源语的机器可读性，使得源语趋于标准化、机械化。大量控制性语言的产生会使得语言沦为技术的工具，自然语言产出的多样性遭受破坏。试想如果不提高机器翻译技术本身，仅仅从源语控制入手，多少年后充斥网络和社会的语言将会是什么形式，人类语言会退化到什么程度。

在主流的机器辅助翻译技术中，完整的翻译对象（文本）首先会被分割成片段化的翻译单元。因为翻译记忆的大量使用，使得译者面对某个语言片段的时候面临多种备选参考，译者往往从这些备选中挑选出最优选项。可是，由于这些语言片段来自翻译记忆库中不同的翻译材料，蕴含着不同的语境，当译者将其认为最优的选项组合起来的时候，实际上是将不同语境下的片段进行组合得到的整体结果，其实并非是最优选项。这也如同皮姆所说，译语产出更多考虑了语言的纵组合关系而相对忽略了自然语言中的横组合关系，一旦大量译文进入目的语语言系统，就可能对目的语语言的现有结构产生冲击。

以上都是语言的自然性与机械化之间的矛盾，不仅对源语同时也对目标语语言系统可能产生破坏性的影响。语言与思维的关系紧密，萨丕尔的语言决定思维假说虽然还缺乏有效的论证，但是我们见证了计算机拼写检查的使用带来学生拼写能力的下降，网络语言对现有语言系统的冲击等等一系列负面效应。翻译技术对源语及目的语语言系统的影响到底会有多大，短时间内很难评价，但是有社会责任感的学者应该预见其影响，尽量将这些技术可能带来的负面效应降至最小并思考相应的补救措施。从制度层面上来说，最好能对翻译技术的开发、使用和产品设立相应的国家标准，率先将问题缩小在一定范围内。

（三）风格一致性与大规模生产所要求的效率之间的矛盾

云翻译平台以及网络信息技术催生了众包生产模式，使得多人协同翻译同一文本成为可能。虽然有术语、语言风格一致性方面的控制，不同译者产出的译文仍可能带有拼接、断裂的痕迹，成为翻译质量的硬伤之一。大规模生产效率与语言风格一致性之间的矛盾不是不可调和的，这就要求我们的基础研究更好地解决翻译技术开发过程中遇到的问题。文体风格方面的问题敦促我们更多地研究语言本身，深化语言学的基础研究，细化语言的分类，建立起更为完善的文体学量化指标体系，使得译者接收相关训练，在云翻译平台协同工作时能有可以参照的标准。而这些标准都可以作为翻译机构或者客户进行产品验收的标准。

（四）技术垄断以及自由竞争之间的矛盾

虽然译者能够接触并购买一些翻译技术工具，但拥有的多半是翻译技术资源的初级形态，只有语言服务商和大型的翻译公司它们才真正掌握了翻译技术资源的高端形态：大型的项目管理系统包括了项目统计分析和预处理、译员组织、文档传递、进度控制、过程质量跟踪记录、项目成本记录、译员费用结算等；拥有云翻译服务平台技术的语言服务商能够将分散的多语资源、需求整合形成相互关联、紧密协作的庞大产业价值链。技术霸权的垄断使得市场、客户资源越来越向这些公司聚集，传统的自由竞争条件恶化。翻译行业的规则将越来越由这些垄断者制定。

从社会学的角度来看，一定场域内的资本是可以互相转化的。拥有技术资本（场域理论的提出者布迪厄并没有单独将技术资本提出来），但是在知识经济的今天，个人和组织所掌握的技术资本同样可以转化为社会资本、经济资本、文化资本和象征资本。以技术资本控制了市场和客户的语言服务商，他们以技术使用为由限定了译者的劳动工具、工作模式，垄断了行业的价格，将技术辅助完成的部分翻译工作从译者劳动中扣除，降低了译者薪酬，使得译者面临自由竞争力、生存条件下降的趋势，也不得不屈服于行业霸主制定的游戏规则。

翻译技术伦理必须考虑技术发展对产业自由竞争的影响，对整个行业健康发展的影响，以及对从业者的影响。翻译产业中技术的发展和应用肯定是趋势，在技术洪流的冲击下，如何保障从业者的利益，如何培养从业者的技术应用能力，如何体现技术应用中的人文关怀都是亟待解决的课题。

这些问题的解决依靠个人是无法完成的，应该依靠相应的翻译立法、行业规范进行调整。

（五）大数据时代互联网共享精神与知识产权之间的矛盾

互联网精神是开放、平等、协作、共享。其中开放、共享是互联网发展的原动力。信息共享使得互联网成为了人类知识累积和交流的场所，大有一种人人为我、我为人人的姿态。

目前基于统计的机器翻译技术是基于大量可靠的人工翻译语料进行计算的，翻译自动化用户协会（TAUS）的 2013 年翻译技术全景报告[1] 宣称，如果翻译服务要真正做到成为公用设施服务，还需要数万亿字的语料和80 000 多种语言组合，而目前 TAUS 拥有的共享语料只有 540 亿字，2 200多种语言组合。因此该协会专门就翻译数据知识产权的问题提出了相关方案，力图将翻译数据与原文和译文区分开来，使得译者或语言服务商能够拥有其在工作中不断累积起来的语料数据库所有权（要求该翻译数据库能够进行术语、句子片段的多语对齐，但却不能在此基础上重新恢复原文和译文）。

一方面机器翻译技术以及愿景中承担公用设施服务的翻译需要大量的翻译数据进行计算和机器学习；另一方面翻译工作确实能借助翻译记忆中出现的类似文本提高产出效率，然而翻译数据的再使用涉及客户信息保密和知识产权保护的问题。

---

[1]　TAUS. TAUS Translation Technology Landscape Report[EB/OL].https://www.taus.net/reports/taus- translation-technology-landscape-report.2013.

互联网共享精神的核心价值是打破技术和资源的垄断，但这并不意味着一切免费。目前，有一些国家基金支持建设的语料库并不向公众开放，造成了资源的浪费。而且有些企业打着公益的旗号要求翻译语料共享，其实这些翻译语料的再次使用最终多用作了商业目的，这不得不使人们质疑共享这些翻译数据背后的动机是否纯粹？ TAUS 提出的翻译数据知识产权归属方案虽出于善意的目的，但还是违反了目前知识产权中关于语言资产保护的宗旨，且不说情报专家对翻译记忆库是否有恢复原文的可能或提取重要机密的可能，一个公司对其语言资产的转让或公益用途应该出于自愿。

译者或语言服务商对翻译数据的所有权完全可以像版权协议一样与客户进行沟通、谈判，明确该项目的翻译记忆数据是否为客户独有，译者如果要继续使用该翻译记忆可以进行价格上的区分。翻译数据的知识产权年限保护也可以做出特别规定。总之，既尊重译者劳动、客户对原文和译文拥有的正当权利，又能在此基础上打破不必要的垄断、实现资源的有效利用。

（六）技术依赖与教育追求个性、发展之间的矛盾。

随着翻译技术和信息技术的发展，译者对技术的依赖性不断增强，越来越多的翻译教育都在不断加大翻译技术课程的比重。Ignacio Garcia（2009）指出本地化教育将越来越向机器翻译的译后编辑发展。在翻译技术应用的实证研究方面，有学者指出译后编辑的质量高于译者使用机辅翻译工具进行翻译的质量，因此翻译教育中应该更多地重视译后编辑。也有实证显示，学员对两种工作模式的心理进行比较，译后编辑较传统翻译模式而言趋于枯燥乏味。

以法兰克福派为代表的技术批判主义者认为本该为人控制的技术反过来控制了人，容易造成人的平庸和人性的丧失。在翻译教育中，如果人们的思维模式会越来越技术化和标准化，重视单纯的、有形的信息和知识的获取，而忽视了对人本身的智慧和思想的追求，这将会导致翻译教育中的本末倒置。翻译技术应该是为挖掘译者潜力服务的，而不是限制其潜力和创造力的发展。技术使用中的人文关怀很难得到技术垄断者的重视，翻译行业协会作为翻译从业人员的代言人，应该积极推进这一目标，通过设立基金批准相关课题、展开讨论并出台行业指导性政策，呼吁业界关注技术时代译员的生存状态和可持续性发展。

（七）翻译行业协会的监管与网络社区自治之间的矛盾

翻译职业化带来的行业协会的影响不断增强，翻译产业的不断壮大也使得国家、产业、从业机构加强了资格审查、翻译质量、职业道德等方面的监管。然而，随着互联网的兴起，以网络翻译社区形态为主要形式的虚拟社区、社团不断涌现，这些虚拟社区、社团更多地采取的是一种网上自治的管理。网上自治通常对多元价值观、多元标准更加容忍，背后有着诸如政治、经济、娱乐等方面的目的。这就造成了职业伦理的统一化与网络自治伦理多元化之间的矛盾。

许多行业协会纷纷发表声明试图与这些业余爱好者划清界限：只有取得了执业资质译员承担的翻译才被认可为职业翻译。其实，我们只要对翻译服务进行行业化管理，出台相关的政策和法规就能解决很多矛盾，如同医生救助病人需要资格证一样，只要提供了翻译服务，不论是免费还是付费服务，均应该具有相关不同等级的资格证，就应该就其所提供的服务负责。而不属于翻译服务之列的翻译行为，如自娱自乐、网上发表，这样的翻译作品为他人所用造成的后果由使用者本人承担。只有在职业道德统一的指导规范下建设个性化的社团，才能实现统一下的多元秩序和和谐。

根据 TAUS（2013）翻译技术全景报告，大数据的挖掘对于翻译界意味着自动化程度很高的实时术语的识别、解释、译语对应发布，机器翻译将与特定领域结合更针对性地为客户服务以及翻译市场和翻译行业趋势的分析等方面。随着翻译技术的不断改进，其应用不断对现有的翻译系统产生冲击，不论是对译者翻译能力的构成、翻译的生产方式、产业布局以及组织方式，还是对翻译教育等等均带来了翻天覆地的影响。对于这些影响，不同的价值观之间的激烈冲突，暴露出翻译技术开发与应用中的伦理困境，成为翻译系统内部的波动因素。这些内部因素亟待新的翻译技术伦理观予以调整，以便建立新形势下翻译系统的新秩序和平衡。

正是因为翻译技术对翻译社会的巨大影响，以及翻译系统和其他社会系统的紧密联系，翻译伦理涉及的技术伦理层面不得不去考虑其给翻译系统乃至其他社会系统带来的物质、观念、社会风险，也不得不考虑其中所涉及的各种价值观的冲突。科技伦理强调的是科技进步与人文关怀并举，就笔者看来，翻译技术开发、应用中的人文精神，不仅仅是其为全人类跨文化交流服务的宗旨，不仅仅是其对公众信息权、语言权的关注，也理应体现帮助公众实现这些权利的译者的价值以及翻译作为人的社会实践活动之价值本身。翻译技术应为人的发展塑造个性化的空间，体现人的个性化和社会化进程的统一。其开发和应用应该能体现整个社会物质文明、精神文明和制度文明的共同进步。上述提出的制度性解决途径再次证明了制度伦理对普遍关注的伦理问题的解决有着自身独特的优势。

本篇参考文献

[1]Anderson, R W. Perspectives on the Role of Interpreter[A]. In Brislin, R W (Ed.).Translation: Applications and Research[M]. New York: Gardner Press,1976:208-228.

[2]Baker, M.Translation as an Alternative Space of Political Action[J]. Social Movement Studies: Journal of Social, Cultural and Political Protest, 2013, 12(1): 23-47.

[3]Berman, Antoine. L'épreuve de L'étranger, Culture et Traduction Dans L'Allemagne Romantique [A]. Paris: Gallimard,1984.

[4]Berman, Antoine. Pour une Critique des Traductions: John Donne[M]. Paris:Gallimard, 1995.

[5]Bermann, Sandra & Michael Wood (Eds.). Nation, Language and the Ethics of Translation[C]. NJ: Princeton University Press, 2005.

[6]Bowen, D & Bowen, M. The Interpreter as Consultant for International Communication [M]. Medford: Learned Information, 1987.

[7]Chesterman, Andrew. Ethics of Translation[A]. M. Snell-Hornby et al. (Eds.). Translation as Intercultural Communication[C]. Amsterdam & Philadelphia: John Benjamins Publishing Company, 1997 :147-160.

[8]Chesterman, Andrew. Proposal for a Hieronymic Oath[J]. The Translator, 2001 (2): 139-154.

[9]Dorothy Kenny. The Ethics of Machine Translation[A]. Proceedings of the XI NZSTI National Conference, 2011.

[10]Fowler, Y. The Courtroom Interpreter: Paragon and Intruder [A]. In Carr, S E. et al. (Eds.). The Critical Link: Interpreters in the Community [M]. Amsterdam/Philadelphia: John Benjamins Publishing Company,1997:191-200.

[11]Ignacio Garcia. Beyond Translation Memory: Computers and the Professional Translator[J]. Journal of Specialized Translation, 2009 (12).

[12]Inghilleri, Moira. The Ethical Task of the Translator in the Geo-political Arena: From Iraq to Guantánamo Bay[J]. Translation Studies, 2008 (2): 212-223.

[13]Jiang L H. How Far Can a Community Interpreter Go [M]. Hamburg: Verlag Dr. Kovac, 2011.

[14]Koskinen, Kaisa. Beyond Ambivalence: Postmodernity and the Ethics of Translation[D]. Tampere: University of Tampere, 2000.

[15]Lang, R. Behavioral aspect of liaison interpreters in Papua New Guinea: Some preliminary observation [A]. In Gerver, D & Sinaiko, H W (Eds.). Language Interpretation and Communication[M]. New York and London: Plenum Press, 1978: 231-244.

[16]Lefevere A. Translation, Rewriting and the Manipulation of Literary Fame[M]. Shanghai: Shanghai Foreign Languages Education Press, 1992/2010.

[17]Mason, R O. Four Ethical Issues of the Information Age[J]. MIS Quarterly, 1986,10 (1).

[18]Meschonnic, Henri. Ethics and Politics of Translating[M]. Amsterdam & Philadelphia:John Benjamins, 2007/2011.

[19]Pergnier, M. Language-Meaning and Message-Meaning: Towards a Sociolinguistic Approach to Translation [A]. In Gerver, D & Sinaiko, H W (Eds.).Language Interpretation and Communication: Proceedings of the NATO

Symposium [M]. New York/London: Plenum, 1978: 199-204.

[20]Pym A, Perekrestenko A, Starink B (Eds.). Translation Technology and Its Teaching[M]. Tarragona:Servei de Publicacions,2006.

[21]Pym, A. On Translator Ethics: Principles for Mediation between Cultures. Heike Walker, trans[M]. Amsterdam & Philadelphia: John Benjamins, 2012.

[22]Pym, A. Translation and Text Transfer: An Essay on the Principles of Intercultural Communication (Revised Edition)[M]. Tarragona: Intercultural Studies Group, 2010.

[23]Pym,A. Translational Ethics and Electronic Technologies[C]. Proceedings of VI Seminário de Tradução Científica e Técnica em Língua Portuguesa A Profissionalização do Tradutor, 2003

[24]Pym,A. What Technology Does to Translating[J]. Translation and Interpreting, 2011(1): 2-9.

[25]Richards, I A. Toward a Theory of Translating[A]. In Arthur F Wright (Ed.). Studies in Chinese Thought (vol. 55) [M]. Chicago: Chicago University Press, 1953:75.

[26]Venuti, Lawrence. The Scandals of Translation: Towards an Ethics of Difference[M]. London:Routledge, 1998.

[27]Wadensjö, C. Interpreting as Interaction: On Dialogue-Interpreting in Immigration Hearings And Medical Encounters [D]. Linkoping University, 1992.

[28]Wadensjö,C. Dialogue Interpreting and the Distribution of Responsibility [J]. Hermes, 1995, 14: 11-29.

[29]Wadensjö,C. The Double Role of a Dialogue Interpreter [J]. Perspectives: Studies in Translation, 1993 (1): 105-121.

[30] 蔡志良 . 职业伦理新论 [M]. 北京：中国文史出版社，2005.

[31] 曹超 . 信息伦理研究现状分析——基于信息伦理国际中心 [J]. 现代情报，2012（2）.

[32] 陈汝东 . 语言伦理学 [M]. 北京：北京大学出版社，2001.

[33] 陈卫平 . 角色认知的概念与功能初探 [J]. 社会科学研究，1994（1）.

[34] 崔启亮，胡一鸣 . 翻译与本地化工程实践 [M]. 北京：北京大学出版社，2011.

[35] 杜玉生 . 西方当代伦理学的发展与译学研究——翻译研究中的伦理性问题 [J]. 广东外语外贸大学学报，2008（1）.

[36] 方薇 . 忠实之后——翻译伦理探索 [D]. 上海外国语大学，2012.

[37] 费小平 . 翻译的文化之维：翻译的"政治问题"研究 [J]. 云南民族大学学报（哲学社会科学版），2004（2）.

[38] 风笑天 . 社会学导论 [M]. 武汉：华中科技大学出版社，1997.

[39] 冯昊青 . 安全之为科技伦理的首要原则及其意义——基于人类安全观和风险社会视角 [J]. 湖北大学学报（哲学社会科学版），2010（1）.

[40] 冯建忠 . CATTI 考试体系中的翻译职业道德意识问题 [J]. 外语研究 . 2007（1）：53-55.

[41] 刘和平 . 口译培训的定位与专业建设 [J]. 广东外语外贸大学学报，2007（3）.

[42] 刘卫东 . 翻译伦理的回归与重构 [J]. 中国外语，2008（6）.

[43] 刘印房 . 中西交往伦理文化的比照与整合 [J]. 社会科学家，2009（7）.

[44] 卢风，肖巍 . 应用伦理学导论 [M]. 北京：当代中国出版社，2002.

[45] 骆贤凤 . 中西翻译伦理研究述评 [J]. 中国翻译 . 2009（3）.

[46] 骆贤凤 . 后现代语境下的译者伦理研究 [D]. 湖南师范大学博士论文，2012.

[47] 骆贤凤 . 中西翻译伦理研究述评 [J]. 中国翻译，2009（3）.

[48] 吕俊，侯向群 . 翻译学：一个建构主义视角 [M]. 上海：上海外语教育出版社，2006.

[49] 吕俊 . 翻译学：解构与重建——论哈贝马斯交往行动理论对翻译学的建构性意义 [J]. 外语学刊，2002（1）.

[50] 吕俊 . 跨越文化障碍——巴比塔的重构 [M]. 南京：东南大学出版社，2001.

[51] 倪愫襄 . 制度伦理研究 [M]. 北京：人民出版社，2008.

[52] 彭萍 . 翻译伦理学 [M]. 北京：中央编译出版社，2013.

[53] 彭萍 . 伦理视角下的中国传统翻译活动研究 [M]. 北京：外语教学
与研究出版社，2008.

[54] 任文，蒋莉华 . 从话语分析的角度重拾口译人员的角色 [J]. 中国
翻译，2006（2）.

[55][美] 萨莫瓦尔，波特 . 跨文化交际 [M]. 北京：外语教学与研究出
版社， 2000.

[56] 沙勇忠 . 基于信息权利的网络信息伦理 [J]. 兰州大学学报（社会
科学版），2006（5）.

[57] 谭载喜 . 翻译与翻译原型 [J]. 中国翻译，2011（4）.

[58] 汤君 . 翻译伦理的理论审视 [J]. 外国语，2007（4）.

[59] 汪怀君 . 人伦背景下的交往伦理研究 [D]，东华大学博士论文，2006.

[60] 王大智 . 翻译与翻译伦理——基于中国传统翻译伦理思想的思考
[M]. 北京：北京大学出版社，2012.

[61] 王大智 . 关于展开翻译伦理研究的思考 [J]. 外语与外语教学，
2005（12）.

[62] 王大智 . "翻译伦理"概念试析 [J]. 外语与外语教学，2009（12）.

[63] 王建新 . 近十年来国内"政治伦理"基础理论研究述评 [J]. 贵州
社会科学，2005（5）.

[64][德] 乌尔里希·贝克 . 从工业社会到风险社会 [J]. 马克思主义与
现实，2003（3）.

[65] 吴建国，魏清光 . 翻译与伦理规范 [J]. 上海翻译，2006（3）.

[66] 许建忠 . 翻译生态学 [M]. 北京：中国三峡出版社，2009.

[67] 许钧 . 论翻译活动的三个层面 [J]. 外语教学与研究， 1998 （3）.

[68] 杨洁，曾利沙 . 论翻译伦理学研究范畴的拓展 [J]. 外国语，2010（5）.

[69] 杨自俭 . 对翻译本质属性的认识——《自由派翻译传统研究》序 [J].
上海翻译，2008（1）.

[70] 姚艳梅 . 中西伦理文化源头比较 [J]. 长城，2010（12）.

[71] 张珩，杨超．中西不同文化背景对教师职业道德养成影响的比较研究 [J]．内蒙古师范大学学报（教育科学版），2012（6）．

[72] 张钦．先秦儒家角色伦理架构分析 [J]．道德与文明，2012（4）．

[73] 张世英．希腊精神与科学 [J]．南京大学学报专题研究（哲学·人文科学·社会科学），2007（2）．

[74] 张威．会议口译员职业角色的自我认定调查[J]．中国翻译，2013（2）．

[75] 张渝政．科技伦理能够存在的理由和维度 [J]．理论月刊，2011（2）．

[76] 赵迎春．翻译伦理研究述评 [J]．湖北社会科学，2013（1）．

[77] 郑杭生．社会学概论新修 [M]．北京：中国人民大学出版社，2002．

[78] 郑召利．哈贝马斯的交往行为理论 [M]．上海：复旦大学出版社，2002．

[79] 中国就业培训指导中心．职业道德 [M]．北京：中央广播电视大学出版社，2010．

[80] 中华人民共和国国家质量监督检验检疫总局．《翻译服务规范 第1 部分：笔译》GB/T 19363.1-2003[S]．北京：中国标准出版社，2004．

[81] 中华人民共和国国家质量监督检验检疫总局．《翻译服务规范 第1 部分：笔译》GB/T 19363.1-2008[S]．北京：中国标准出版社，2008．

[82] 中华人民共和国国家质量监督检验检疫总局．《翻译服务规范 第2 部分：口译》GB/T 19363.2-2006[S]．北京：中国标准出版社，2006．

[83] 中华人民共和国国家质量监督检验检疫总局．《翻译服务译文质量要求》GB/T 19682-2005[S]．北京：中国标准出版社，2005．

[84] 仲伟合等．口译研究方法论 [M]．北京： 外语教学与研究出版社，2012．

[85] 朱金香等．职业伦理学 [M]．北京：中央编译出版社，1997．

[86] 朱贻庭．伦理学大辞典 [Z]．上海：上海辞书出版社，2011．

第三篇　翻译教育论

2006 年，教育部批准在 3 家高等院校试办翻译本科专业学位，截至 2014 年 7 月止，共有 152 所高校获得教育部批准，开办翻译本科专业学位。2007 年，国务院学位委员会批准设置翻译硕士专业学位，以培养高层次、应用型、专业化的翻译人才，目前获准开办翻译硕士专业的高校已达 206 所。[1] 翻译本科和翻译硕士的设立，堪称我国翻译教育专业化的里程碑，标志着翻译学作为外国语言文学下的二级子学科的地位已经真正、广泛地在国内教育界得到认可，翻译教育从依附于传统的外国语言文学教学开始有了自己独立的培养目标和培养方案。

翻译活动虽然历史悠久，早期译论中虽零星载有相关翻译技能的传授，但是翻译教学的专题研究还是在外语教学增加了翻译教学环节，或开设单门翻译课程以后的事情。翻译学作为外国语语言文学下的独立子学科的地位虽然在 20 世纪 70 年代开始确立并受到广泛关注，但真正在教育界得以确立还是在各个高校普遍开设了翻译专业教育之后。因此，我国的翻译教学研究在 20 世纪 90 年代还未受到普遍重视，以翻译教学和翻译教育为关键词在知网进行搜索，每年只有为数不多的 10 篇左右的文献，自 2004 年开始（2004 和 2005 年是翻译专业教育在中国确立的准备年）就有了大幅度的增长，2006 年以后更是上了一个新的台阶，每年发表的翻译教学方面的论文不仅突破了百篇，超过了 20 世纪 90 年代 10 年研究论文的总和，在研究内容的深度和广度上也有了很大的延伸。

---

[1] 该数据来源于中国翻译协会官方网站（http://www.tac-online.org.cn/ch/tran/2014-07/ 23/content_7085283.htm.）。

2006 年以前的翻译教育研究有一个突出的特点就是翻译教学和教学翻译的区分。很多研究都在讨论教学翻译，即把翻译当作一种英语教学的手段，比如在研究生英语课程、大学英语课程、英语专业本科和专科课程、高职英语课程等各种层次的英语课程中如何通过翻译教学提高学生的英语水平，既有理论论述、经验总结，也有实证研究、教学实验。当然，大部分的研究主要还是聚焦在翻译教学本身，比如探讨翻译教学的指导思想和原则、教学任务与目标、教学思想和方法等。其中，教学方法的论述多结合翻译理论（动态功能对等、目的论、变译理论、模因论、翻译评价等）、语言学各流派（如对比语言学、语用学、语篇分析、文体学等）、教育学和认知科学（过程教学法、任务教学、现代教育技术、主体心理关注）等方面实施教学环节，并初步形成了相对更有概括性、系统性的翻译教学模式，提出了建构主义、两度对话、综合多元、以翻译能力为中心的教学模式。学习者翻译能力的培养主要涉及逻辑理解、形象思维、文化适应性、语言运用能力等方面，多侧重对某一项子能力的探讨，尚未形成系统性的翻译能力研究。这一阶段虽然翻译教育也在呼吁改革，对市场需求和翻译职业化也有了更多认识，翻译教学内容引入了更多专业化的内容如商务翻译、科技翻译、金融翻译等，但对于改革该如何进行，宏观指导思想和具体实施方案的探讨仍然处在起步阶段。

当翻译作为正式的专业进入高等教育专业体系以来，学者们的研究视域更加广阔，更多的一线教师参与进来，研究的范围不再仅仅局限于具体教学方法的讨论，而是从宏观、中观、微观三个层面全面展开。

宏观层面的研究除了对以前有关翻译教育、教学研究的概况进行梳理外，主要包括三个方面：

（1）将翻译专业作为一个独立的二级学科，以学科发展、培养方案、培养目标、课程设置等为主题展开讨论，如仲伟合（2007a，2007b）对翻译硕士专业学位教育点的建设，翻译硕士专业学位（MTI）及其对中国外语教学的挑战做了系统性论述，对我国翻译专业教育的问题做出了总结并给出相应对策（2014）；穆雷（2008）就建设完整的翻译教学体系提出了方案；李瑞林（2011）谈翻译教学的目标应从译者能力转向译者素养；平洪（2011，2012，2013，2014）连续四年对全国翻译专业学位研究生教育年会的综述等。

（2）将整体的翻译教育置于全球化、翻译职业化、翻译市场需求以及信息化时代的历史背景下进行讨论，分析这些历史条件对整体翻译教育提出的机遇与挑战，指出翻译教育应做出的调整和方向性选择，如吴启金（2002）提出翻译教育要进一步与市场需求相衔接；张瑜（2003）对全球化时代的中国翻译教学走向做出了描绘；杨柳（2005）以信息技术应用勾画出信息化翻译教学的图景；苗菊、王少爽（2010）探讨了翻译行业的职业趋向对翻译硕士专业（MTI）教育的启示；穆雷（2012）结合翻译职业化论述了职业翻译教育。

（3）翻译教育的国内外对比研究、翻译教育的历时研究以及翻译教育中亟待解决的关键问题等等，如许钧（2000）在新世纪到来之际提出加强翻译教学改革的呼声；林克难（2000）专门介绍了国外的翻译教学；张美芳（2001）就香港高校的翻译教学讨论了其对国内外语教学的启示；柴明颎（2010）梳理了专业翻译教学的发展现状、问题和对策；王建国、彭云（2011）主要针对现行MTI教育的问题给出了解决建议；王志伟（2012）考察了美国应用型翻译人才的培养，找出了值得借鉴之处……

总之，翻译教育宏观层面的研究是将翻译教育作为整体来论述，考察其与外部环境的关系，其自身发展的历史与趋势以及它作为一门独立学科要发展所应具备的整体结构条件等等。

在中观层面，更多涉及翻译教育内部各个子系统的运作，如教学体系、实践体系、职业道德教育体系、考评体系、课程体系、教材开发、翻译能力培养等方面。教学体系的研究主要围绕翻译本科与翻译硕士教育提出了较为系统的教学目标和教学模式，并在此基础上配套相应的具体教学方法和手段。比如刘和平（2013）针对目前界定尚不清晰的翻译教学模式系统地论述了其五个要素：理论依据、教学目标、操作程序、实现条件和教学评价；苗菊、朱琳（2010）考察了翻译思维与翻译教育之间的关系；连彩云等（2011）将翻译教育与地方经济发展结合起来。此外还出现了继建构主义教学模式之后的以框架理论为基础的教学模式（丁卫国，

2013），网络交互式教学模式（万兆元，2012），讲、译、评模式（朴哲浩，2013），任务型翻译教学模式（曹曦颖，2008），项目驱动的协作式翻译教学模式（王湘玲、贺晓兰，2008）等等。这一时期具体的翻译教学方法也更加丰富，增加了案例教学法（冯全功、苗菊，2009）、反思学习法（江晓梅，2006）、基于问题学习的翻译教学法（杨晓华，2012）等的讨论。

现代教育技术在翻译教学中的地位日益上升，机辅教学、语料库与翻译教学、信息化翻译教学、多媒体与网络翻译教学、利用 BBS 进行教学、翻译记忆与翻译教学等各种研究主题不断深入。各种语料库如财经报道、旅游等双语平行语料库相继建成并投入教学使用，将前期现代教育技术与翻译教学结合的讨论不断延伸并开展了相关教学的实证研究。

这一阶段另一突出表现是：口译教学的研究在市场需求不断上升、专业方向的口笔译区分越来越细化、从业队伍的越来越壮大等因素的驱动下，也在不断走向成熟。

此外，为了更好地维护翻译教育内部系统的运作，相关教材研究、师资队伍建设、实践教学体系、职业道德教育、翻译考评体系也开始受到越来越多的关注，翻译能力的研究也得到了系统性的展开。

微观层面的翻译教育研究主要涉及某一门具体的翻译课程设置、具体的教学方法和教学手段、翻译测试手段等。应该说微观的翻译研究是中观翻译研究的延伸和深入，在很多研究内容上都有重合，只不过研究的视角不同。中观层面的研究更侧重于翻译教育系统中的各个子系统的内涵以及子系统之间的相互关系，而微观研究则是这些子系统中更为具体的内容和将子系统更细分为具体的要素进行分析。比如，蔡静（2010）关于 21 世纪以来国内信息化翻译教学的研究述评，因其涉及的不是整体的翻译教育或 MTI 教育，只是其中的信息化教学研究，因此虽然是综述，实际可以看作是中观研究，而段自力（2008）有关网络辅助课程与翻译教学整合的实证研究则属于微观研究。学者们提出了很多的微观课堂教学方法：如还原翻译法、回译教学、语料库翻译教学、任务教学法、过程教学、篇章教学、基于问题学习的翻译教学、反思教学法、案例教学法等等。此外，还有具体翻译课程教学以及翻译能力中某一项子能力的培养和获取的探讨，如技术写作、翻译工作坊、应用翻译、文学翻译、术语翻译等。

　　翻译教育教学研究自翻译专业教育确立以来得到了稳定持续的发展，积累了丰富的成果。虽然在研究内容、研究视角和研究方法上还有种种遗憾和不足，比如定量与实证研究还有待进一步发展、某些领域如师资发展与培训等的研究方法过于单一集中。（刘宏伟、穆雷，2013）但是相信随着翻译学的发展、翻译职业化进程的加快以及翻译产业与行业的不断成熟，翻译教育必然也会迎来新的篇章。

第九章 打造 MTI 教育竞争优势的战略规划

一、MTI 教育的机遇与挑战

同其他专业硕士学位一样，MTI 教育遇到了历史性的发展机遇但同时也面临巨大的挑战。在信息全球化的语境下，市场需要大量的高级翻译人才，因此国家鼓励发展 MTI 专业学位教育。一段时期内，专业型硕士学位和学术型硕士学位的比例还将不断提高。从这个角度讲，MTI 的发展前景可谓一片光明。然而，MTI 教育的发展却面临许多竞争：除了教育部批准试办 MTI 的 206 所大学外，各高校外语专业的毕业生对翻译市场有较大的冲击，一些用人单位认为只要会外语就能做好翻译。还有一些专业领域则更偏向培养本专业会外语的人充当翻译，因此 MTI 学生的就业不容乐观。而且，由于专业硕士教育才刚刚起步，学校从传统的学术型硕士教育向专业硕士转型仍然存在许多困难。社会上对专业学位的认识也不充分，认可度低，很多学校出现了招生生源不满、生源质量偏低等现象。

MTI 教育如何在对手如林的教育市场上站稳脚跟，确立竞争优势并可持续发展，是各个试办单位首先需要思考的战略问题。

二、管理学视角对高等教育的启示

竞争优势、竞争战略是企业管理学的基本概念。虽然大学不是企业，但我们仍然可以从管理学中汲取养分，选取适合教育单位的理念，探寻各

MTI 高校如何制定竞争战略打造各自的竞争优势。一般而言，企业战略是一个战略体系，包括竞争战略、发展战略、技术开发战略、市场营销战略、信息化战略、人才战略等。各个高校如何在众多的对手中生存并发展的问题主要还是竞争战略问题。

哈佛学派学者波特在《竞争战略》一书中提出了企业可以获得竞争优势的三种战略：①总成本领先战略；②差异化战略；③目标集聚战略。总成本领先战略的主题是使成本低于竞争对手。（迈克尔·波特著、陈小悦译，2005）差异化战略是"将公司提供的产品或服务差异化，形成一些全产业范围中具有独特性的东西。实现差别化战略可以有许多方式：设计或品牌形象、技术特点、外观特点、客户服务、经销网络及其他方面的独特性"（迈克尔·波特著、陈小悦译，2005）。最理想的情况是公司在几个方面都有其差别化特点。目标集聚战略是"主攻某个特殊的顾客群、某产品链的一个细分区段或某一地区市场"，其目的是使"公司能以更高的效率、更好的效果为某一狭窄的战略对象服务，从而超过在更广阔范围内的竞争对手"（迈克尔·波特著、陈小悦译，2005），其实质也是一种差异化。

总成本领先战略在教育界乍一看似乎没有市场，因为教育单位考虑的主要是培养社会需要的高质量人才，按国家定额招生并按国家批复的标准收费，与企业降低成本争取市场获取利润存在差异。但是，如果我们将学校的投入和学生缴纳的学费看作是成本投入，在投入相同单位成本的情况下，如果教育质量更高，其实就显示出了总成本领先优势。因此总成本领先战略实际上在教育界就转换成了单位成本质量领先战略。这里的教育质量既包括了社会对毕业生的认同度，也包括了学生本人对该教育的满意度。单位成本质量领先战略更适用于拥有资源总量相当的学校之间。因为各个学校的教育资源分配是不均衡的，名校和普通学校无论在师资、生源、教学条件、拥有的社会资源方面都存在太大差异，因此在所有学校之间都采取单位成本质量领先战略恐怕不太可能，但是通过整合现有资源，发挥资源的最大利用率，提高教育质量却是可行的。

差异化战略和目标集聚战略带给高等教育的启示是，拥有较多教育资源的学校并不一定比拥有较少教育资源的学校在所有方面都更具有竞争优势，各个学校完全可以通过差异化的专业方向、独特创新的教育方式、针对性的课程设计、特别的用人单位服务和学生个性化需求满足等等方面来创造不同方面的竞争优势。对于应用型的人才的培养，各高校应该在细分的人才市场中找准自己的定位和服务对象，集中力量和资源，将有限的资源投入到最有发展潜力的学科或学科发展中最能见成效的部分。专业性比较强的学校完全可以结合本校的资源和特色学科将人才培养进行细分，培养出专门服务于某一类市场的高质量人才从而建立其竞争优势。

研究企业竞争优势的另一位学者，也就是被公认为现代企业资源观之父的美国管理学专家巴馁（Barney, 1991）认为：企业是由一系列资源束组成的集合，企业的可持续竞争优势源自于企业所拥有的资源，尤其是这些有价值的、稀缺的、不可完全模仿和不可替代的异质性资源。企业在信息不对称和有缺陷的要素市场上，通过资源选择和配置的最优化，实现资源价值的差异化和最大化，同时使竞争对手无法复制该资源。这一观点揭示了每个学校作为一个组织都拥有一定的资源，如学校的办学经费、人力资源、组织资源以及校外人士和策略联盟伙伴的支持等等。这些资源与竞争对手比较有共性也有差异，有些是短期内不可替代和完全模仿的，比如说学校的特色学科、区位优势、拥有的专家、长期形成的口碑和组织文化等等。这些内部、外部资源应该得到整合，使得其发挥最大的效益或者凸显其异质化，从而加强整体或局部的竞争实力，确立竞争优势。

竞争优势理论的核心能力观以普拉哈拉德和哈默尔（Prahalad & Hamel, 1990）为代表，认为企业竞争优势的来源在于企业自身独特的、有价值的、在企业内部行为和过程中所体现的特有能力，强调企业应培育使竞争对手难以模仿、能为顾客创造显著价值并能开辟潜在市场的核心竞争力。培养企业的核心竞争力有几个方面：提高企业领导人的核心竞争力意识、掌握核心技术、集中资源进行差异化经营与管理、塑造知名品牌等等。高等教育也是如此，教育单位应该挖掘内部行为和过程应当体现特有的能力，为学生和用人单位创造显著价值，将有限的资源用到最有特色的、符合本教育单位发展的学位教育过程之中，并在稳健中求发展。

值得一提的是我国著名战略专家唐东方对传统竞争战略理论进行了颠覆，提出了关注企业发展而不是竞争的发展战略理论，竞争只是企业发展的一种手段，另外还有合作战略、避开竞争战略等手段。发展战略理论更注重企业的良性竞争，更多关注企业发展方向、发展步骤、发展点和发展能力问题的解决。一方面，高校之间存在抢夺生源、争取资助、办出特色等方面的激烈的竞争；另一方面，高校的合作传统由来已久，再加上不涉及商场上的生死存亡，因此发展战略也可以为高教发展提供一定的启发。

对各高校而言，到底有哪些可行性的战略，制定战略之前首先应对办学单位进行认真的评估。评估的方法多种多样，其中最常用的当属 SWOT（Strength, Weakness, Opportunities, Threats）分析模型。

三、MTI 教育之 SWOT 分析

战略制定的基础是办学单位的内部和外部分析。有关 MTI 教育的分析，许多学者都给出了自己的观点，除了前文所述还有穆雷、王巍巍（2011）提出的《翻译硕士专业学位教育的特色培养模式》，孔令翠、王慧（2011）提出了《MTI 热中的冷思考》等一大批研究。现用管理学的 SWOT 分析法将 MTI 教育目前具备的优势、劣势，面临的机遇和挑战归纳分析如下（见表 9-1）。

表 9-1　MTI 教育之 SWOT 分析

优势（Strength）	劣势（Weakness）
1. MTI 教育本身是应市场需求而设立的，办学目标明确，关注学生的应用能力和职场能力的培养。 2. MTI 教育所倚重的翻译学研究得到了快速发展。 3. 各个学校都拥有不同的优势资源：师资、生源、特色学科、重点学科、教育资源、社会资源等。 4. MTI 教育是高层次的教育，又是初办，相对而言更容易受到学院和学校的重视。	1. MTI 教育刚刚起步，各方面经验（培养模式、教学方法、教材开发、师资建设、实践教学等）仍然不足。 2. 就读 MTI 学位的有一部分学生没有明确的或与专业相关的职业定位。 3. 职场需求太广泛，学校教育涉及面有限很难满足市场的所有需求。 4. 各学校拥有资源差异较大：师资、生源、特色学科、重点学科、教育设施与经费、社会资源等。
机遇（Opportunity）	挑战（Threat）
1. 市场需要大量的高级翻译人才。 2. 国务院学位办鼓励专业硕士的发展。 3. 国际化以及中国经济的发展为 MTI 学生实践提供了大量的实践机会。 4. 信息技术的发展为 MTI 教育提供了丰富的语料和训练手段。	1. 社会对 MTI 的认同度还有待改善。 2. 较多的直接竞争对手（多所大学获得试办权，另外还有民间培训机构）和间接竞争对手（外语学科的其他专业方向以及其他学科教育）。 3. 用人单位对人才的期望值越来越高。 4. 学生对 MTI 学位教育的期待较高。

从各高校开办 MTI 教育的优、劣势分析来看，各高校发展 MTI 教育的劣势完全可以转化成 MTI 教育发展的切入点，并以此为契机创建优势，我们可以一项一项地进行分析。

劣势一：MTI 初期阶段各方面经验（培养模式、教学方法、教材开发、师资建设、实践教学等）的不足，可以成为各个学校努力的方向，哪怕在一个方面投入较大的力量，如教学方法、培养模式的创新都会改变一个学校的竞争态势，凸显不同的竞争力量。

劣势二：就读 MTI 学位的学生多没有明确的或与专业相关的职业定位。教育的任务是"传道、授业、解惑"，但是国内的教育往往重视知识的传授，却忽略了学生的个人发展，MTI 教育如果能够做到适合每个学生的个性化发展，定能提高学生的职场竞争力和满意度。

劣势三：职场需求太广泛，学校教育涉及面有限很难满足市场的所有需求。现在的 MTI 教育定位比较广泛，有专业特色的学校不多。如果各学校能脚踏实地，仔细分析职场需求，准确定位，就能集中人力、物力实现目标集聚战略带来的良好收益，让所培养的人才得到社会的普遍认同。

劣势四：各校拥有资源差异较大：师资、生源、特色学科、重点学科、教育设施与经费、社会资源等。正是因为存在着差异化，这就为 MTI 教育的差异化发展提供了条件，如何识别、利用、创建、发展优势资源而避开劣势就成为了 MTI 教育发展的战略性方向，各校必将会面临不同的课题。

从 MTI 教育面临的机遇和挑战分析来看，社会、学生对 MTI 教育的期望较高但却缺乏认同度，再加上竞争对手众多，这都给学校提出了艰巨的任务。这些挑战，也为我们带来了新的课题：如国际化以及中国经济的发展能为 MTI 学生实践提供大量的实践机会，我们该如何抓住机遇，建立有特色的实践教学体系，从学生、社会各个层面提升认同度？如何充分利用信息技术促进 MTI 教学？等等。这些课题的妥善解决，必将为 MTI 教育的发展带来新的契机。

四、从管理学的视角打造 MTI 教育竞争优势

（一）单位成本质量领先战略打造 MTI 教育竞争优势

企业界的总成本领先战略在教育界变成了单位成本质量领先战略。

拥有资源总量相当的学校，在与对等的竞争对手竞争中应该着重考虑提升MTI教育的总体质量。提升MTI教育质量的方法有多种：

（1）师资建设。目前的MTI教育尤其缺乏既有翻译实践又有翻译教学经验的双师队伍，如何鼓励全职教师教研与实践并进，如何开展职业人士和全职教师的联合教学值得我们去思考。

（2）树立以学生为本、以市场为导向的教育理念。由于MTI教育脱胎于以往的外语专业翻译培养方向，与市场接轨不紧密，也不够关注学生的全面发展和个性化发展，因此下一阶段的目标就是如何准确把握市场需求，按照市场的需求配置课程，提出一套既能让学生全面发展又能考虑其个性和特长发展的培养方案。

（3）完善课堂和课外实践教学。课堂教学和实践教学是MTI教育质量保证的重要阵地，这里面还有很多值得深入研究的课题，有巨大的提升空间。

（4）MTI现代化教育设施的建设和升级。良好的教学设施和设备给老师、学生提供了丰富的教学和训练手段以及资源，如何争取这些设施并利用好它们给我们的教学提出了新的任务。

（5）学生翻译文化建设。学生社团活动如果能和本专业结合起来创建MTI的翻译文化无形之中就延伸了课堂教学，并创建了良好的学习风气。

（6）优化MTI教学管理，加强教学评估，严格学生分级考核等等。

有关教学质量提高的研究很多，这里不做重点论述。各个学校可以从自己的薄弱环节入手，取长补短，争取强项更强，弱项不弱甚至弱转强，如是以质量打造优势竞争地位。

（二）差异化战略打造MTI教育竞争优势

差异化战略分水平差异化、垂直差异化。垂直差异是指比竞争对手更好的产品，水平差异化是与竞争对手不同的产品。垂直差异化战略与单位成本质量领先战略在内容上交叉，前面已有提及，不再赘述。目标聚集战略因为针对某一细分市场、特定顾客群，其实质也是一种差异化。所以这里主要探讨MTI教育的水平差异化战略和目标集聚战略，具体包括如下几个方面。

1. 结合各校特色学科、重点学科打造特色专业翻译人才

术业当有专攻。虽然翻译人才需广泛涉猎，扩宽知识面，但国内的翻译人才市场有一大半都是服务于某一特定行业，即使是自由翻译和翻译公司的专职翻译也都有各自的专业领域强项。虽然国外大学（如美国的蒙特雷）现在不太主张翻译教育的过度专业化，但这是由当地市场特点和人才特点决定的。一方面美国市场公司聘用专职翻译较少，且翻译的职业流动性强，过于专业化的教育不利于毕业生就业。另外，美国的翻译学员多为平行双语者，可以腾出更多的精力在专业知识上进行扩展和积累。中国翻译市场的现状以及中国学员仍需花费大量精力提高外语水平的现实都表明了中国翻译教育专业化是可行而且必要的。各高校都有自己的特色学科、重点学科，外语学院应该利用学校的优势资源，打造自己的特色和强项。比如外交大学着重培养外交翻译，医科大学可培养医学翻译，地质类大学可偏向地质翻译，工程类大学可考虑工程翻译和项目翻译等等。综合性大学也可以考虑在大方向确定的基础上个性化地向学校优势学科倾斜。理工学科突出的学校可以设置科技英语翻译方向，在科技英语翻译大方向的基础上细化出几个强势专业方向如通信翻译、信息技术翻译、翻译技术等。经管法学科地位突出的大学可以设立商务翻译、法律翻译大方向，可以在商务翻译大方向下鼓励学生向金融投资类翻译、国际商务类翻译等进行深入。

2. 引导学生发掘个性化潜力，提早进行个性化职业准备

目前各高校对 MTI 学生的培养即使有部分学校做到了专业化差异，却很少有学校能做到个性化差异。教育的根本原则是因材施教，挖掘学生潜力，帮助其完成职业规划以及相应准备。MTI 专业硕士阶段，招生人数大大少于本科人数，学生具备的自我学习能力、探究能力、知识储备都比本科阶段有所增强，因此各高校有条件从他们的个人兴趣着手，帮助其进行合理定位，提前考察其所倾向服务的行业，早做职业准备。信息化时代使得各行各业的语料信息收集非常容易，学生初步确定了自己希望服务的行业后，在教师的引导下进行特定行业翻译探究，并要求他们结合部分实践进行知识的内化并检验学习成效。通过特定行业翻译实践，学生的求职

目标性、准备针对性可大大加强其职场竞争力和就业后的职业满意度。个性化的引导如果建立在通用翻译技能掌握良好的基础上，不仅不会限制其个人发展，还会让他们举一反三不断提高其翻译整体水平。

3. 洞察市场的不同层次需求，合理定位

市场对人才的需求是分层次的，各高校办学不能一哄而上，什么热就上什么，而应该根据自身办学条件、生源质量进行合理定位。针对高端市场可以培养会议口译、同传、高级翻译、高级技术写作等人才。考虑到目前翻译市场上有七成需求都是笔译，MTI 中端教育市场可以着重培养交传人才和专业笔译人才。另外服务区域经济也可以满足某一个层次的人才需求，MTI 的办学完全可以考虑如何服务地方经济和地方重点发展行业。MTI 办学只有明确了教学和培养目标，抓住了各个层次人才需要的核心要求，按照这些核心要求配套教育、定级考核，才可能使学生和用人单位双向满意。

4. 差异化的培养模式培养翻译人才

教育的产品不仅仅只包括学生，教学方法、培养模式本身也是教育发展的产品之一，也是教育单位内部行为和过程应当体现的特有能力，属于教育单位核心竞争力的一部分。MTI 教育才刚刚起步，应该允许各单位进行创新性人才培养模式探索。如山西大学外语学院通过产学研结合提出了构建应用型专业翻译人才培养模式的设想（连彩云、荆素蓉和于婕，2011）；南开大学王传英（2010）提出本地化行业发展与 MTI 课程体系创新；王聚辉的 MTI ＋ CAT 联合培养模式（2009）等等。不仅有特色化的培养模式，各教学单位在教学方法上还可以积极引入翻译工作坊、案例教学、团队教学、模拟教学、特色讲座等特色化的教学方法来吸引学生，提高教学质量，争取用人单位的认可。

5. 打造 MTI 特色精品课程

MTI 教育可以结合学校的特色学科、优势学科进行专业化，另一方面也应积极打造特色精品课程。李明、仲伟合探讨了翻译工作坊的特色教学，

翻译工作坊作为翻译教学的课内实践平台在整个课程体系中应该占有举足轻重的地位。苗菊、高乾（2010）指出了构建 MTI 特色课程——技术写作的必要性。由于翻译人才是高端的语言工作者、跨文化沟通任务专家，技术写作课程能为其打开更广阔的就业前景。同样，跨文化沟通课程也会起到类似作用。王聚辉提出了 MTI＋CAT 联合培养模式，阐释了翻译技术在当今翻译产业界的重要性和实用性，然而能真正将这门课程深入并引导学生进入工作现实的教育单位还在少数，翻译技术和机辅翻译这门课程仍有待建设。笔者在教学过程中思考的特定行业翻译探究课程能帮助学生制定职业规划、提早进行职业准备并且加强个人自学能力，但目前还处在小范围实验阶段，未将其真正独立成一门课程。总之，我们只有依靠各个特色精品课程的建设才能逐步实现 MTI 教育的特色化和整体教育水平的不间断提升。

（三）资源整合打造 MTI 教育竞争优势

创新商业化时代，企业对资源的占有量与其竞争优势不一定是成正比的，其优势资源的拥有量往往更加重要，企业拥有的相对于竞争对手的特殊资产就是优势资源。现代化的企业已经将视野从产品生产转向了优势资源集聚，这成了他们创建战略优势的基础。优势资源决定新赢家。例如，美国的 Target 公司通过将高端设计引入平价超市从而对抗业界老大沃尔玛在折扣店行业占领了一席之地。各高校拥有各项开办 MTI 教育的优势资源，可以是有形的，例如先进设施、教育资助、黄金地段等；也可以是无形的，例如优秀师资、特殊定位、先进理念、组织文化、良好口碑等等。唯有将相关资源与各项能力进行适配，才能让资源利用率最大化，形成竞争优势。MTI 教育资源的整合可以通过以下几种途径：

1. 打破学科界限联合培养

翻译硕士的专业化培养仅靠外语学院一个学科难免显得捉襟见肘，如果借助其他学科的力量，通过师资协助、课程协作、翻译合作、实习基地扩展等形式则更容易达到利用学校特色学科、重点学科的目的。这样的联合培养模式不仅能加强学科之间的交流与合作，同时也能带动跨学科研究，形成学校各部门、各学科协作的良好风气。

2. 打破学校界限进行联合办学或合作交流

资源的整合不仅可以发生在校内，同时也可以走出学校。在国外，为培养高端人才和专业化人才，几所大学联合设立一个学位的例子比比皆是。在条件允许的情况下，打破学校界限进行联合办学，整合几所大学的优势资源，比如中外合作办学、专业院校和外语类大学的联合办学、二级学院与一类大学的联合办学等等，这都有助于资源的最大化利用和开发。虚拟校园、虚拟课堂的建设更是为联合办学提供了便利。如果联合办学动作太大，牵扯精力太多，也可以进行初级层次的合作交流，比如和国内外院校签订交换生协议、互相承认课程学分、联合开发或使用翻译训练数字平台、创新教学交流等多种形式。

3. 借助企业力量进行订单式人才培养

MTI 教育的竞争优势是因教育市场中的竞争而产生的，要提升其竞争优势，不仅需要加强学校内部的运作，而且要强化学校与外部环境的互动联系。各高校应该走出象牙塔，主动与用人单位接触，了解市场需求。通过整合学校各项资源，争取签约为用人单位进行订单式联合培养。根据企业用人的需求制定课程，在培养的过程中，派驻学生到企业实习进行实地学习，最后再由企业和学校联合对学生进行考核选拔人才。

4. 争取政府支持推动政、产、学、研结合

学校与外部环境的互动还包括与政府的互动联系。翻译人才能服务社会，服务地方经济和文化的发展，因此学校可以借此争取政府的支持，利用政府召集各界力量（政府部门、企事业单位、翻译公司和翻译协会、教育培训单位）为 MTI 教育提供实践、交流、师资培养基地，创建当地政、产、学、研结合项目。只有达成了良性互动，学校才能为社会接受，社会才会为学校持续提供舞台和资源。

5. 启动多方面资源构建 MTI 实践教学体系

MTI 教育中应该包含课堂教学和实践教学两大板块。实践教学体系不

应该只是课堂教学体系的补充和辅助手段，而是与之平行的不可分割的必要环节，其比重可以根据办学单位的实际情况因地制宜地进行安排。有特色的实践教学体系本身就是一面旗帜，可以吸引优质生源，发展优秀师资，创建独特的 MTI 文化。MTI 实践教学体系应该是学校、学院、专业多级单位联手打造的利用课堂内外实践教学活动架构的一个循序渐进的教学系统。

传统翻译教育存在理论性和学术性较强，侧重课堂教学而轻社会教学和实践教学的特点，而这恰恰为以实践教学体系打造 MTI 教育竞争优势提供了可能和发展空间。MTI 实践教学体系的建构应该以职业化为导向，根据学校定位制定实践教学的目标体系，通过课内实践、校内实践和校外实践三个板块逐步完成第一阶段和第二阶段从认知实践到专业实践再到综合实践的循序渐进的教学环节。实践教学体系的构建是一个长期的过程，需要学院、学校和社会的共同努力，一旦发展成熟其他学校短期内是难以复制的，形成了学校 MTI 专业的可持续性发展优势。

管理学关于竞争优势的理论对 MTI 专业硕士学位教育具有重要启发。各高校应该分析各自所特有的优势、劣势、机遇和挑战，发现和挖掘自己的优势资源并积极进行校内外资源整合，通过单位成本质量优先战略、教育模式差异化、教育内容差异化、服务对象差异化、个性教育差异化等方面打造 MTI 教育竞争优势，在教育市场找到合适的位置并不断进行可持续性发展。当然这些战略的执行还需要学校各层面通过行政管理、教学管理、组织能力、设备设施等方面来提供保证。

第十章　创建个性化 MTI 教育模式的实施策略

宏观战略制定之后，就应该落实到中观系统的运作。MTI 教育最终要落实到学生的教育和培养上，然而我们遵循什么模式才能培养出全方位合格的人才呢？

MTI 的试办引发了翻译硕士教学研究的高潮，自仲伟合（2007a，2007b）连续发表了有关翻译硕士学位建设的两篇论文后，业界专家、学者纷纷为 MTI 教育献计献策，从学位建设、学科体系、培养模式、教学改革、课程体系、实践教学、翻译技术等诸多方面提出了宝贵意见，为初生的 MTI 专业硕士的发展奠定了良好基础。

有关 MTI 教育模式的思考主要集中在以下几个视角：从翻译市场、产业发展谈 MTI 教育（苗菊、王少爽，2010；王传英，2010；曾立人，2011；丁大刚等，2012）；从翻译职业能力培养探讨 MTI 教育（冯全功等，2011；葛林等，2011；冯曼，2012）；从国内外翻译教育实践看 MTI 教育（仲伟合、穆雷，2008；王志伟，2012；柴明颎 2012）；打造 MTI 特色培养模式（穆雷，2011；王晋瑞，2010）以及 MTI 课程体系建设（冯建中，2009；车晓睿，2012；曹莉，2012）等。

学者们对 MTI 教育的研究视角各不相同，但在很多问题上都达成了一致：MTI 教育应区别于传统外语教学，课程体系应该跟市场、国际接轨，培养模式应突显特色并关注学生职业能力的培养等。

一、个性化教育与研究生教育

高等教育大众化是在第二次世界大战后发展生产力、努力实现教育公平的指导思想的背景下发生的。为适应战后经济对人才的大量需求，大学也同时走向了"社会需要适应性发展取向"（梁庆，2007），从教育经济学的角度建立了以学生集体为教育对象的规模化、统一模式化教学。这种模式化教学虽然实现了教育经济化，在当时突出了教育服务社会的理念和导向，却不适应现在的知识经济环境。在知识呈现纵深性、延伸性、多样性的今天，建立在统一模式化教学基础上的"社会需要适应性发展取向"再也很难满足当今社会的需要。刚性化的教育模式阻碍了学生个性与市场的融合，扼制了他们潜力的发掘，剥夺了他们希望接受适合自己教育机会的权利。知识经济中的人才中心地位使得遏制个人发展的模式教育走进了死胡同。

个性化教育与市场导向并不矛盾，个人个性化的发展只有与市场结合才能保证人才的可持续性发展。但是如果我们只考虑市场导向，作为教育单位的学校又如何培养"具有独立人格的新时代人才"？因此，在肯定以市场为导向的同时我们还应该考虑人的因素，考虑个性化教育。

个性化的高等教育尤其是研究生教育虽然得到了国家和多数高校在思想观念层面上的认可，但研究生教育改革更多集中在教育成本分担制、导师资助制等项目上，更多关注研究生教育外部环境和条件的改善，权衡政府、高校和导师之间的责权利等。因此，研究生培养机制改革还没有深入到研究生教育的微观环境。（赵军、蒲波，2010）个性化教育真正落实到各个学院，各个专业还远没有到位。

在美国，马里兰大学、密歇根大学、汉诺威学院、纽约大学以及华盛顿大学设有个性化学院，学生可以自己量身打造主修科目。在中国，高等教育改革虽然全面展开，但目前仅有少数学校做出了从上至下的全方位的尝试：华中科技大学的刘献君教授（2012）在《高等学校个性化教育初探》一书中就该校文华学院的个性化教育改革做了详尽的描述；河北科技大学设立了"个人成长导师"制等等。个性化教育如何从制度走向实际运作，从校级层面向学院铺开，向专业延伸还有待探究。

二、个性化教育与现行 MTI 教育

现行 MTI 教育沿袭的还是为满足经济高速发展对人才大量需求而建立、符合规模经济、以班级或专业为单位、统一的模式化教育。虽然 MTI 教育在不断地成熟和发展，但现有的 MTI 教育模式还是面临以下严峻的挑战。

（1）各试办单位教育模式同质化倾向严重。

（2）MTI 教育竞争加剧，毕业生就业不容乐观。模式教育很难为学生打造差异化的竞争力。

（3）MTI 学生就业目标不明确，现有教育模式缺乏对学生的引导和个性化潜力挖掘。

（4）MTI 生源参差不齐，现有教育不能保证因材施教，很难实现个人教学效果最大化。

（5）现代翻译产业日新月异，模式化教学很难紧跟产业的快速发展。

（6）用人单位对翻译人才的需求多样化，很多毕业生仍需经过较长时间的在职培训才能胜任工作。

面对严峻的形势，除了践行前人倡导的理念外，MTI 教育还应引入新的理念——将个性化教育模式融入现有的 MTI 教育。知识经济时代对专业知识的细分和协作要求越来越高，体现在劳动力市场上就是分工细、职业化要求程度高等，这使得高等教育个性化的呼声越来越高。2002 年，时任国家教育发展研究中心副主任的蔡克勇教授曾明确指出"高等教育的国际化、国家化、地方化、个性化"，2011 年在北京召开了首次以个性化教育为主题的高规格国际会议，表明个性化教育在高等教育里的回归意识。

三、建立 MTI 个性化教育模式

本章中 MTI 个性化教育模式是指个性化教育理论指导下 MTI 教育过程的组织方式以及相应教育策略的模式化概括。其应该包括以下内容（见图10-1）。

（一）特色化 MTI 专业方向 —— 个性化教育的第一步

目前，翻译市场需求与人才培养脱轨严重。"《中国地区翻译企业发展状况调查报告》中列出的翻译企业重点涉及率在 25% 以上的行业领域有

机械、能源、法律、电子、化工、金融、汽车等，但是在《中国地区译员生存状况调查报告》[1]中译员自报擅长机械、能源、汽车等领域翻译的都不足5%，而大多数院校的课程设置都没有细分理工科领域的翻译。"（曾立人，2011）不难想象，这些学校培养出来的毕业生在教育内容方面几乎千人一面，与用人单位的多样化需求相去甚远，同质化的倾向必然带来竞争的加剧。因此学校设定MTI专业方向时至少应收集并参照以下数据：

（1）特定行业对翻译的需求。

（2）全国性需求与地方性需求的差异。

（3）口、笔译需求的比例。

（4）翻译行业趋势以及与之紧密联系的新兴职业方向。

（5）翻译行业对翻译从业人员的职业素质要求。

结合上述资讯，各单位才能综合自己的强项、优势并参照市场需求设定多样化、特色化的MTI专业方向，科学地制定口、笔译方向的比例或者建立口笔译一体化的专业方向。学生报考时能充分考虑个性需求和市场需求，这本身就是个性化教育（见图10-1）能得以实施的第一步。

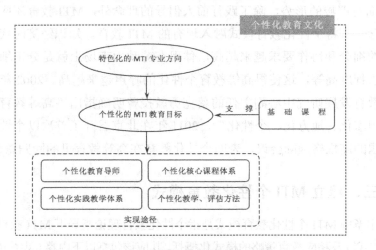

图 10-1　MTI 个性化教育模式建构图

---

[1]　这两份报告是中科院科技翻译协会与传神联合信息技术有限公司于 2007 年做了调研后发布的。

（二）学生职业规划与个性化教育目标

个性化教育目标是个性化教育的核心，应在第一学期末确定。比如我们可以考虑结合类似"翻译职场规划"的课程，在导入一定的翻译职业与市场知识后，让学生深入调研多渠道收集信息（文献收集、采访、电话调查、网络聊天、职场观摩等形式），在第一学期完成职业调研报告和自我发展报告，在对拟服务的行业形成深刻认识并在自我评估的基础上描绘个人职业规划。学校根据个人职业规划结合学生第一学期的学业表现及其综合素质帮助其制定出个性化的培养方案和课程安排。一旦个性化的教育目标得以确定，学生应与导师协商制订个人教育目标和学习计划，规划需要选修的个性化核心课程，由授课教师围绕其个性化目标调整教学内容和教学考评。

（三）个性化培养方案

1. 个性化教育导师

在硕士阶段，学院为每个学生都安排了导师，实行个性化教育比本科阶段更加容易。导师的作用不应当仅仅体现在硕士论文的指导上，如果从一开始，导师就能帮助学生了解自己的长项、不足以及潜力，更好地进行职业和学习规划，导师就真正地将教书与育人完美地结合起来。结合个人兴趣并明确目的的学习对学生而言是一种动力，他们会将有限的精力放在能够充分发挥自己所长的领域去突显自己的竞争优势，也可以根据自己的目标查漏补缺，缩短迈向成功的每一步需要的时间。与此同时，个性化教育带来的师生互动也会为教师提供新的教学素材、新的研究思路，促进教、学、研相长。

2. 体现个性化教育的核心课程体系

个性化的培养方案必须有个性化的课程体系作为支撑。翻译硕士的课程体系可分为两个部分：基础课程模块和个性化课程模块。基础课程模块主要放在第一学期和第二学期，涵盖翻译硕士阶段必修的基础性课程以及技能训练型课程，如翻译学概论、跨文化交际、语言学与翻译、应用翻译、口译、视译与同传等。个性化课程除了将翻译职场规划安排在第一学年外，其余的课程应安排在第二学年，在学生的基础技能和认知达到一定水平以后进入个性化课程阶段。个性化课程的设立各个学校可以各不相同，但核心课程可以考虑以下几门：

翻译职场规划：通过教师或外聘职业人士对翻译职业和翻译产业的导入，要求学生多渠道深入调研翻译职业，了解本职业的准入条件、工作内容、负荷、收入、发展前景和瓶颈、职业满意度、转行条件及方向等，完成职业调研报告。通过该课程的学习，学生对拟服务的行业要有全面认识，包括该行业翻译工作的主要特点、本行业的职业上升空间、选择该行业的原因、目前的市场需求、进入该行业的难度及难点等。最后，结合自我评估拟定个人职业和学习规划，并由导师签署意见。

自选行业翻译探究：信息社会使特定行业知识和语料的获得不再是一件难事，这为学生参照个人职业规划实施自选行业探究学习提供了良好的外部条件。该课程要求学生利用前期所学理论和技能对该特定行业翻译进行深入了解。比如，让学生结合翻译技术课程建立起该领域的语料库、词汇表，并结合该行业的词汇、句法、语篇、语体特点以及跨文化因素讨论翻译策略和翻译技巧。教师的主要任务是帮助学生完善本课程探究计划，提供专业翻译方法论上的指导，检查学生学习进度，组织定期汇报交流，共同讨论专业翻译探究学习中的问题。最后，学生应该提供自选行业翻译探究报告并反思该课程带来的个人翻译能力的提升状况。2012 年 11 月在广州外语外贸大学笔者与英国 Aston University （欧洲翻译硕士 EMT 成员单位）的 Schäffner 教授探讨翻译硕士教学体系时，她提到：她所在大学的翻译硕士项目中设有类似课程 "Specialised (LSP) Translation Project"，其目的是让学生获得可迁移性技能，在探究中学会将所学用于实践并指导实践。这说明探究式的自我学习在西方已经运用于翻译教育实践。

特色翻译项目：教师（包括学校聘请担任兼职导师的职业人士）传授有关翻译项目及管理的知识如翻译行业创业、项目获取、项目管理 （包括产品质量、成本监控、进度控制、译员资源、风险控制）等知识之后，要求学生以团队的形式组建虚拟翻译公司或实体的翻译爱好者协会，除了模拟一些翻译业务流程（如竞标、谈判等）之外，"学生公司或协会" 最后必须争取一项并完成一项真实的翻译项目，并对项目的全过程工作内容进行汇报。每个学生可以根据自己的兴趣、能力选择在项目中承担不同的角色，设计或承担不同的特色翻译任务。

翻译技术个性化模块：翻译技术这门课完全可以配合学生的个性化教育目标，在教师教授完基本知识和技能后，要求学生根据自己拟服务行业的特点进行技术利用。比如利用网络引擎对拟服务行业进行信息搜索、利用平行语料库技术收集相关语料、利用数字化文字处理技术对该行业的不同文本进行译前文字以及图像处理、利用翻译软件建立起拟服务行业或相邻行业的术语库和语料记忆库、利用机器翻译软件进行译前源语处理和译后译文处理，等等。对本地化感兴趣的同学，可以深入了解各种本地化翻译涉及的软件及技术；对翻译项目感兴趣的同学也可以深入了解 Trados 或 Across 等软件的项目管理功能。学生们可以根据个性化的需求将需要了解的技术列出清单，一部分由学院安排解决，一部分由同学们通过实习、自学、邀请外援等方式学会后进行交流。

个性化翻译工作坊：翻译工作坊应该着重解决学生翻译学习和实践中的问题。这类问题最好由学生提出，教师予以归类。当然也可以由教师提供清单，学生将清单问题予以延伸。如果针对每一类问题，学生们都能结合自己的发展方向进行问题反思、内容补充，这无疑会扩大该类问题解决的范围，学生们的互动参与也能为问题的解决提供多种视角和途径。这样在老师、学生共同参与的合作学习中，自我探索将不断完善，对其他领域的了解也在交流中实现。

3. 个性化的 MTI 实践教学体系

翻译学是一门实践性、应用性很强的学科，因此个性化的实践教学体系对 MTI 教育起着关键的作用。如前面所述，MTI 实践教学体系是从学校、学院、专业多维层面设立的利用课堂内外实践教学活动架构的根据知识、技能和综合能力培养目标而设立的循序渐进的教学系统，只要我们能够发动学生、教师和学校的力量提供多种形式的课堂内外实践形式。比如学科竞赛、学生社团、数字化教育基地、讲座、见习、实习基地等，都能很好地配套课程教学完成对学生知识、技能和能力的培养。

（四）个性化的主体参与式教育模式

1.个性化教育与学生自我学习的结合

研究生阶段培养的是学生自我学习并能终身学习的能力。马尔科姆·诺尔斯（Knowles, 1975）曾指出自我导向型学习"是指个体主动在别人的帮助下或独自发现学习需求，制定学习目标，确定人力和物力资源，选择并实施适当的学习策略，最终评价学习成果的过程"。MTI 的个性化教育应该与学生的自我学习紧密结合，通过对自我的认识及对外部环境和职业的了解与预测，确定自己的学习目标，一部分依靠学校提供的资源进行课堂学习，一部分依靠自己进行自我学习。个性化教育为学生的自我学习提供了空间，并应遵循一套科学的方法帮助学生完成自我教育能力的提升。

2.MTI 个性化教学方法

个性化教学法要求教师充分考虑学习者的学习能力、态度、兴趣和学习进度，以个性化的教育手段，满足学生个性化学习。个性化教学可以运用于个别教学、小组教学和班级教学等教学组织形式，它并不拘泥于或局限于某一种教学组织形式。（杨军，2007）个性化教学方法首先是以学生为主体的教学。教师的角色是以平等的身份参与到学生已设定的计划中，学生始终是自己计划的执行者，而教师则成为其计划执行的促进者。在MTI 教育的前期阶段帮助学生制定职业计划、学习计划，提供基础课程让学生精练语言，了解认知、语言、交际、文化、社会与翻译的关系，为下一步个性化学习打好基础。到了第二阶段，学生已经具备了一定的独立学习能力，通过个性化课程、实践、毕业论文等参加自我导向的各种活动。在这一阶段，教师的作用在于充当必要的顾问。这样，学生从依赖教师、依赖课堂教学逐步走向独立，不断提升职业素养，直到最后具备了自我学习、终身学习的能力。"授人以鱼不如授人以渔"，这样的教育才真正达到了教书育人的目的。

四、学院、学校个性化教育文化建设

个性化教育要落到实处，离不开学院和学校的文化建设。个性化教育需要导师投入更多的精力，一方面对学生的了解要加深，帮助他们扬长避短，最大限度地挖掘他们的潜力；另一方面也意味着教学内容的调整，教学方法的创新。因此学校和学院要鼓励个性化教育的全面开展，培养个性化教育的导师标兵、开展个性化教育的经验交流，启动个性化教育奖项和科研课题。

更加自由的选课制也是个性化教育的制度保障。在导师和学生就教育目标达成一致时，可以由导师签名允许学生一定比例地跨学院选课以弥补本学院提供课程的不足。有条件的学校还可以签订校际交流协议，在一定范围内、一定名额内实现跨校选课、学分互认。比如希望从事医疗翻译的同学可以在导师的同意下到医学院选修1—2门课程以加深对医疗行业的认识并接触该行业的从业人士。如果学生提前找到的实习机会包含了个性化课程的自选行业探究、翻译技术、翻译项目、翻译工作坊的内容，导师应根据其实习工作内容、时间、实习单位反馈意见和学生提交的实习内容和相关课程的报告，在考核合格的情况下考虑授予相关课程学分。

除了教师和制度的因素外，学生观念的转变也非常关键。中国学生往往习惯学校、家长安排他们的学习、生活，殊不知只有独立的个性化发展才是个人可持续发展的前提。学校、学院要鼓励学生追寻梦想，展示寻梦之美。要收集个性化教育的成功案例，告诉每一位学子：这里是你成长的摇篮，这里是你梦想的起点，只要努力梦想就能成真！

个性化教育与市场导向、特色教育以及教学创新都不矛盾。相反，个性化教育是一种理念，也是一种教育模式，可以渗透到MTI教育的每一个环节。我们认为个性化教育与市场的结合是务实的考量，既尊重了市场规律又充分调动了学生的主观能动因素，发掘个人潜力和专业发展的结合作为教育目标定能带来良好的教学效果。诚然，目前在研究生个性化教育的微观层面我们做得还很不够，我们当集思广益，推进我国MTI教育朝着个性化教育不断前进。

第十一章 基于职业化导向的 MTI 实践教学体系

MTI 教育旨在解决现行学术化外语人才培养模式不利于高级翻译人才培养的问题,力图改变中国一方面外语人才趋饱和,另一方面专业翻译人才缺口却高达 90％的现状。[1] 根据全国 MTI 学位教育指导委员会的翻译硕士专业研究生指导性培养方案,MTI 的培养目标是"培养德、智、体全面发展,能适应全球经济一体化及提高国家国际竞争力的需要,适应国家经济、文化、社会建设需要的高层次、应用型、专业性口笔译人才"[2]。翻译界、教育界学者就 MTI 的教学、课程体系建设、师资培养、教育管理、教育评估等做出了多方面的探讨和实证性的研究。然而,由于 MTI 教育开办时间不长,目前关于 MTI 的实践教学体系的系统分析和思考还比较缺乏。在中国期刊全文数据库中,1990—2010 年有关各专业实践教学体系的论文近 4 000 篇,而翻译方向的仅有 1 篇:《谈本科翻译专业实践教学体系的构建》。(刘宏伟,2010)当然,这个问题已经引起了专家和领导的重视。2010 年 3 月 12 日,在洛阳召开的全国 MTI 专业教学指导委员会(以下简称"教指委")扩大会议上,MTI 教指委副主任委员仲伟合教授指出了目

---

[1] 东方语言与翻译学院.我国翻译人才的现状与对策 [EB/0L].[2011-10-20].http://sti.qrnu.edu. cn/a/zaixianxuexi/fangfazhidao/2010/0428/30.html.[2010-04-28].

[2] 中华人民共和国教育部.关于转发《翻译硕士专业学位研究生指导性培养方案》的通知 [EB/0L]. http: / / 202.205.177.9 / edoas / web- site18 / 68 / info36368.htm. [2011 -10 -20].

前 MTI 教育中存在的六个主要问题，其中就提到了实践教学不足。[1] 随着 MTI 建设的不断扩大和深入，建构和完善 MTI 的实践教学体系必将成为 MTI 学位建设的工作重点之一。

一、实践教学的理论基础

实践教学对 MTI 教育之所以重要，在于翻译学是一门实践性、应用性很强的学科。中国翻译理论家刘宓庆教授（1989）提倡，翻译的技能训练应遵循"实践性、理论性、阶段性"的原则。MTI 教育要紧密结合工作实际和雇主期望，才能满足市场对高层次翻译人才的需求。同时，实践教学本身就有着深厚的教育理论基础，发展至今天也成了教育界的主流思想之一。

回顾实践教学观的发展，从兴盛于 18 世纪的自然主义教育家以人的需要和兴趣为出发点进行顺性教育开始，到 19 世纪 20 年代改革教育家主张举办"劳动学校"以改变当时学校与生活世界相隔离的状况，到 19 世纪二三十年代经验主义教育家杜威创建了经验主义的课程理论体系，实践教学观真正发展了起来。杜威（2005）建议以实践为中心进行教学设计，学生通过提出问题并在解决问题的实践中获得"真实经验"，去实现个体最大意义上的学习。20 世纪 50 年代末教学理论受行为主义影响，认为学习是"刺激—反应"之间联结的加强，教学的艺术在于如何安排这种强化。即使是行为主义也仍然强调实践在学习能力发展过程中的重要作用。20 世纪 60 年代初至 70 年代末，学习理论开始从行为模式转向依赖于认知科学的理论模式。认知主义探求的是如何从主体出发并在实践中发展认知的过程。之后在国际教育领域影响比较深远的教育理论之一就是建构主义。建构主义认为，人类积极地从事知识建构，通过将新信息与原有的知识体系建立某种联系，形成对新信息的解释，以不断地发展其知识体系。个体建构知识的方式是不断通过新、旧知识经验之间的相互作用，来形成和调整自己的经验结构。基于建构主义，20 世纪 80 年代末 90 年代初，美国积极倡导的项目教学法得到了大力推广，以适应社会的发展对教育提出的新要

---

[1]　这六个主要问题是：办学理念不清；千校一面，缺少特色；生源不足；师资不强；实践教学不足；管理缺位。

求。（张晋，2008）从实践教学观的这一历史发展进程来看，实践教学观一直存在于我们的教育理念中，普遍存在于各级教育中，在教育界享有十分重要的地位。

二、实践教学的内容

实践教学体系首先是一个系统。根据哲学的定义，系统指的是由互相联系、互相作用的若干要素，按照一定的结构和功能所组成的有机整体。实践教学是能够将理论与实际结合起来的教学环节，笔者所指的实践教学体系，是从学校、学院、专业多维层面设立的利用课堂内外实践教学活动架构的一个循序渐进的教学系统，它不是分散的实践性教学活动，而是一个完整的设计，一个动态的有机体。它的构成至少包含了以下几个子环节（见图 11-1）。

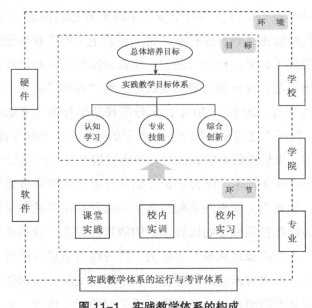

图 11-1　实践教学体系的构成

（一）实践教学体系的目标群

基于人才培养目标，实践教学体系应该将自身的功能予以定位并确立自己的目标体系。通过将人才培养目标进行分解，我们可以制定出理论教学和实践教学体系的分级目标和总体目标以及各自的权重。有了明确的目标，实践教学体系中的每一实践教学环节就能做到量化、具体化，做到有章可循，并最终落实到位。

（二）实践教学体系的内容

实践教学体系的各级目标设定之后，就应根据目标设置相应的模块化教学内容。根据知识、技能和综合能力的培养目标，安排三大模块的实践教学内容，将实践教学的内容分布在三大板块：课堂实践、校内实践以及校外实践。教学内容的展开应根据年级和学习进程逐级进行，从简单的认知实践逐步过渡到专业技能实践和综合创新实践。当然，因为专业性质不同，人才培养目标不同，培养单位的实践教学能力不同，这三个模块的内容以及比例肯定会呈现巨大的差异。但总体而言，实践教学的内容主要依托图 11-2 所示的几种形式。

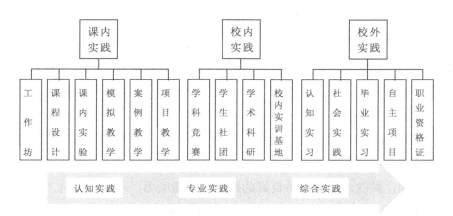

图 11-2　实践教学体系的内容

（三）实践教学体系的运行和考评机制

实践教学体系的运行主要依赖硬件和软件环境。硬件环境包括了实验基地、实训基地、实习基地等物质基础的建设。软件环境则包含教学理念、政策支持、管理规章、人力资源、校园文化等非物质性建设。为保证实践教学体系的顺利运行，必须从学校层面、学院层面乃至专业层面进行硬件、软件的建设，形成系统、规范的教学体系，为实践教学体系提供健康的运行和保障机制。

有了良好的运行机制，还要有客观公正的考评机制考评教学效果。实践教学效果评估的主体可以多样化，不仅要充分考虑社会、学校、教师几个层面，还要重视一个非常重要的群体，那就是既是评估客体又是评估主体的学生。除了针对个体教学效果进行评估外，学校作为管理机构还应对整个实践教学体系的各个组成要素、资源配比、整体系统的运行效率和效果以及系统的优化改进予以监控和考评。唯有从上至下，纵向横向保证各环节达到预先设定的标准，实践教学体系才能实现动态、良性的发展。（潘旭华，2010）

三、MTI 实践教学体系的构建

（一）MTI 实践教学体系建构的职业化导向

翻译的职业化进程已然随着翻译产业的壮大不断深化，翻译职业化是翻译工作状态的标准化、规范化、制度化。翻译职业化要求从业人员具备一定的职业素养，具备从事翻译职业所需要的知识技能、个人素质、个人道德修养、行为规范等等。

MTI 的培养目标定位在全面发展的高层次、应用型、专业性的口笔译人才。作为高层次的翻译人才，首先应具备高品质的双语转换能力和广博的知识面；其次，还应具备良好的跨文化沟通能力，不仅是语言工作者同时还是出色的文化沟通者、任务沟通专家；最后，还应具备良好的工作作风、稳健的心理素质，并应该能成为适应全球经济一体化、有个人发展潜力的复合型人才。

为达到这一培养目标，MTI 的实践教学体系必须以 MTI 的职业化为导向，从培养这三大职业素质入手，通过课堂实践、校内实践和校外实践三大板块，分年级、分阶段地完成学生理论知识与实际的结合，推动他们在实践的过程中主动探知学习方法，构建完善的知识体系并综合所学积极创新，完成从学生到职业翻译的必要准备。另外，实践过程中，学生通过与某一领域的实际联系，还能找准自己的专业化方向，使专业学习与未来的职业计划接轨，从而能在职场中突显优势、脱颖而出。

（二）MTI 实践教学体系的内容构成

MTI 实践教学体系所包含的内容有的依附于理论课程，有的独立于课程教学；有的内容学生可以自主完成，有的又需要教育单位的组织和引导；有的属于认知实践，有的属于专业技能实践，还有的属于综合实践。分类的方法多种，在此我们基于实践教学内容发生的不同环境，将其分为三大板块（见表 11-1）。

表 11-1　以职业化为导向的 MTI 实践教学体系内容

实践类型	第一阶段：认知和专业技能实践	第二阶段：专业技能和综合实践
课堂实践	1. 贯彻实践教学理念（课程设置、课程设计、翻译技术、翻译实践者参与教学等） 2. 案例教学、项目教学、模拟观摩教学、团队教学等 3. 翻译工作坊	1. 同一阶段的"1.2.3." 2. 学生选修课程与职业目标结合 3. 翻译实践专家讲座 4. 特定行业翻译探究
校内实践	1. 数字化翻译训练基地 2. 学生竞赛 3. 学生社团（专业导向和非专业导向）	1. 数字化翻译训练基地 2. 模拟实训 3. 学术科研（翻译实践报告、主题翻译探究、毕业论文等）
校外实践	1. 参观、见习 2. 社会调查、社会服务	1. 学生自主项目 2. 职业资格证 3. 校外实习与实习报告经验交流

1. 课堂实践

在高层次的应用翻译人才培养中，课堂教学更应与课堂实践紧密结合。首先，实践教学理念应自始至终贯串在 MTI 课程体系之中，课程的设置应改变传统的翻译硕士以理论研究为主的课程，大量增加培养学生专业技能的操练性课程，并适当增加培养学生综合创新能力的课程。（陆世宏、崔晓麟，2010）专业性的操练课程可以根据学校的优势分主题进行，如：外事、法律、科技、商务、体育、医学、东盟事务口 / 笔译等，并配套翻译技术课，使得学生在学校学习中就已经能够掌握和使用职场的翻译技术设备和软件。综合创新的课程包括：翻译工作坊、翻译项目实践等。翻译工作坊可根据理论教学环节设计与之相关的实践流程，采用团队式教学，侧重专项能力训练和分级目标的实现。翻译项目实践课程则侧重学生的综合能力，整体素质的培养，要求学生利用其所学发现和解决项目各环节中的问题。我们通过实践翻译项目中的各个流程（如项目承接、分解、实施、管理和评估）达到以实践促进理论知识的探究、内化和深化的目的。另外，课程的设置中还应尽量考虑学生的职业方向，提供多种选择，在 MTI 教学的第二阶段鼓励学生选修与自己职业方向一致的选修课程，如技术写作、电影翻译等。有条件的学校还可以开设一门特定行业翻译探究实训课程，由教师提供指导，帮助学生提前进入自己感兴趣的特定行业，摸索和训练自己在这一特定行业做职业翻译的潜能。

再者，教学方法上应尽量结合案例教学、项目教学、模拟观摩教学、团队教学等方式，增加学生的课内实践机会。只有真正将实践教学理念引入我们的课堂，才能改变我们传统的理论与实际脱节的教学模式，做到以翻译职业为导向，以学生为中心，充分激发他们的学习热情和创造力。同时，授课教师应该积极投身翻译实践，成为能指导学生理论学习和实践学习的"双师"，当然也不排除邀请社会上的职业人士承担一部分、一门甚至是多门课程的授课。学校可以与各个领域的资深翻译建立长期联系，在学生有个性化需求，比如本科来自医学院希望做医学翻译的同学，而学校又开不了医学翻译课的时候，我们可以考虑让学生通过跟随职业翻译进行翻译实践且以职业翻译校审的形式（学生无需离开校园）开设选修课程，达到一定翻译时间和字数的可授予学分。

2. 校内实践

MTI 校内实践独立于课堂教学，主要是通过学科竞赛、学生社团、数字实训基地和学术科研等丰富多彩的形式，为学生提供各种各样的实践机会。学科竞赛是培养应用型和创新型人才的重要手段之一，它能激发学生学习、挑战和创新的精神，在不断战胜自己的过程中树立自信。学校和学院应配合专业建设策划学科竞赛，并积极为学生参与各级竞赛提供条件，必要时可对竞赛成果给予学分奖励。另外，学校还可以联系政府或企业组织各项竞赛，如考虑与"亚组委"联合举办亚运志愿者英语服务大赛，与翻译公司或企业联合举办各种主题的口、笔译竞赛，英文面试竞赛，商务沟通能力比赛等等。

学生社团是开展校内实践的另一支生力军。通过社团的组织活动、管理活动，有利于促使学生从依赖走向独立，在参与中获得工作经验和能力锻炼。做得好的社团还能搭建与社会各界沟通的平台，增加学生与社会的接触。学校、学院在引导学生社团建设时应重视其与专业的结合，不妨成立外语志愿者协会、学生翻译者协会、学生翻译擂台中心、学生英语导游平台和扶持最新科技英语发烧友等等。对于那种与专业结合紧密的社团，学院和学校应充分发挥学生的主观能动性，帮助他们出谋划策、打造特色并给予物质和专业上的帮助，以扩大影响，从而使更多的学生受益。

MTI 教学的实施在很大程度上依赖翻译能力训练的课堂外实践，由于校外实践基地建设通常受到诸多条件的限制，因此对多数学校而言，努力发展校内实践基地更为现实。建立数字化的翻译实训基地就是一个很好的途径，在这个开放式的实训平台上，学生可以在任何时段单独或团体地进行操练，教学单位也能借此实现高效的课外实践教学管理。功能完备、数据丰富的数字化基地还可以与其他学校在费用共担的基础上实现资源共享，深入开发。

校内的创新学术活动也不能忽视。学生在翻译实践的基础上总结经验，发现未知，扩展已知，这一活动极能锻炼学生的思辨能力和综合能力。不过，创新学术活动通常需要一定的理论和实践积累，这一内容最好放在 MTI 教学的第二阶段，可采用的形式主要有翻译报告、毕业论文、主题翻译探讨等。

3. 校外实践

校外实践虽然受到了部分人"费时、费力、效率低"的质疑，但由于离现实世界最近，学生的体验感受却最为深刻，这也是不可或缺的一部分。校外实践形式多种多样，主要有认知实习、社会调查、社会服务、自主项目、毕业实习、职业资格考试等等。这些形式有的可以规定或建议学生自己完成，如社会调查、社会服务、自主项目等，有的则需要学校出面组织，如企业参观、会议观摩、毕业实习等。需要重点强调的是，学校与社会各单位加强联系，强化校外实习基地的建设。学校和学院应重视与业界的联系，本着双赢的目的签订实习基地的协议，指派实习指导教师，指导岗前培训并跟踪学生实习质量。学院也可以下设翻译公司或项目组，出面承接一些翻译项目，将学院下设的翻译公司或项目组也变成一个实习基地。除此之外，国家人事部专业技术人员管理司对翻译的认证设有职业资格考试，学校也可以根据自身情况考虑将获得职业资格证作为学位教育的必要条件。

MTI 实践教学体系与课堂教学体系是 MTI 教育的两大板块，和其他学术硕士不同的是，MTI 实践教学体系不再是课堂教学体系的补充和辅助手段，而是与之平行的不可分割的 MTI 教育的必要内容，其比重可以根据办学单位的实力适当增加。通过构建科学的实践教学体系，各院校要重新调整办学思路，整合资源，推动 MTI 教学改革，立体地、全方位地培养符合职场需求的人才，找到并打造各校 MTI 教育的特色，形成各自的核心竞争力。其成功经验对其他应用硕士的培养也有着较强的借鉴意义。同时，实践教学的强化也促进了师资力量的提升和多元化，加强了产学研的结合，改进教学方法，提升教学科研质量，让学校更好地服务社会。另外，作为直接受益者的学生能动态地了解职场需求，早日确定职业方向，主动构建知识和技能结构，提高学习效率和职场竞争力。

综上所述，MTI 的实践教学体系应紧紧围绕 MTI 职业化导向，从学生的职业需求出发进行设计。设计时应将 MTI 实践教学的目标体系分级划分，根据阶段性的目标分配实践教学内容。学校、学院、专业三个层面应拿出具体的方案和实施细则，在硬件和软件上投入建设，随时收集各层反馈意见，及时调整并定期对各个环节及整体系统进行部分或整体的评估、优化。MTI 实践教学体系的建构是一个大的课题，也应该是下一阶段 MTI 建设的重心之一。但是，MTI 实践教学体系的构建也是一项相对长远和巨大的工程，在建设过程中还存在不少潜在问题。首先需要学校各个层面的支持和配合，比如硬件的建设能否争取到资金投入，实习基地的建设能否争取到社会资源，实践教学与课程教育的有机结合能否得到学院、教务部学工处等部门的理解和配合等等。此外，实践教学内容的设计有待科学性论证，需要教师、专家和职场人士的积极参与，实践教学效果的评估需要教师、学院、学校、社会的监督和综合评定，如何利用先进的现代化手段管理整个流程等等，这些都将是构建 MTI 实践教学体系所要面临的问题。

　　实践教学因其现实性、灵活性、综合性等特点能够很好地为个性化的 MTI 教育服务，能够很好地帮助学生认清理想和现实之间的差距，在正确进行自我评价的基础上，认识自我、挑战自我、超越自我。一套完整的实践教学体系，应该能够由浅入深、一步步地配合学生的课堂内外学习，培养学生的职业素质，实现他们的职业理想。现阶段，笔者仅从理论和设计层面提出了自己的看法，今后的研究还有待深入：全国 MTI 实践教学的实际情况、相关实践教学体系在某些学校试行的实证性分析、实践教学体系的科学系统化管理以及 MTI 教指委根据部分学校试行经验和效果做出指导性大纲等等。目标虽然明确，前进的道路却任重道远，需要教育界同仁的共同努力。

第十二章　MTI 个性化核心课程建设：
自选翻译行业探究

各个高校打造 MTI 教育竞争优势的战略之一就是找准自己的定位，实行差异化战略，而个性化 MTI 教育模式是实施差异化战略行之有效的方案之一。以专业方向设置为源头进行控制，全面展开个性化教育目标、导师、核心课程体系、实践教学体系、教学和评估方法、个性化教育文化等的配套建设。其中自选翻译行业探究这门课程是个性化教育的核心课程之一，一般设在 MTI 的第二或者第三学期，在学生完成了第一学期和第二学期的基础课程模块之后才可以修读。该课程要求学生结合自己对某一行业的调查和自己的职业规划，选定一个行业，在教师的指导下独立完成自选行业翻译探究，以期创建真实情境进行学习，提早进行职业准备，建立起独特的竞争优势并获得可迁移的学习能力。

由于在国内尚未设立同类课程，自选翻译行业探究课程设立的理论基础、可行性论证、具体实施策略与方案等，都是值得我们深入探究的课题。

一、自选翻译行业探究设立的理论基础

（一）个性化教育理论

自选翻译行业探究课程符合个性化教育理论，赋予学生充分认识自我、结合个人兴趣和特长确定自我学习目标的权利。美国心理学家洛克（Locke，

1967）的"目标设置理论"指出目标本身具有激励作用，能把人的需要转变为动机，使人们的行为朝着一定的方向努力，并将自己的行为结果与既定的目标对照，及时调整和修正从而实现目标。该课程通过这种赋权为学生提供了更多的内部学习动机。

个性化教育理论的最大特点在于承认学生在智力、社会背景、情感和生理等方面存在的差异性，通过调动学生的主观能动性最大限度地发掘学生潜力。自选翻译行业探究课程可以使学生尽早地通过某一行业了解职场现实，将个人爱好和兴趣与市场结合起来，帮助他们树立职业理想、设定职业目标并整合有效的教育学习资源进行相应准备。

（二）自主学习理论

虽然不同流派的自主学习理论对自主学习的理解存在一定的差异，有的认为自主学习是一种学习模式，有的认为自主学习是一个自我调节的学习过程，有的则把它定义为一种自我学习的能力，（周炎根、桑青松，2007）但是其内涵都包括了学生自己设定学习目标，决定学习内容、学习方法，自我监控并进行自我评价的学习方式，能形成这样的学习方式和习惯本身就代表着学生具有一定的自我指导、控制自己学习行为的能力。

自选翻译行业探究课程让学生结合前面所做职场调查和规划，选定某一特定行业，在教师指导下完成该行业翻译的自我探究学习任务。教师的作用主要体现在学生动机的激励、学习策略的帮助、相关问题解决的建议、学生阶段性汇报讨论等教学活动的组织以及学习成果的评价等方面。因此这一过程学生习得的不仅有"陈述性知识、程序性知识、条件性知识，同时还有自主学习知识"（Zimmerman & Risemberg, 1997；庞维国，1999：70）。其中，自主学习知识对今后学生走向任何岗位都会有所贡献，成为可转移技能。

（三）建构主义教育理论

建构主义理论认为学习是学习者在原有经验的基础上，通过与外界的相互作用来建构新的知识。建构主义强调学生的主动建构知识、有助于意义的建构的真实的学习情境以及学习者的互动合作学习。

自选行业能为学生创造真实的情境，要求学生以准职业人士的身份主动去了解从事某一特定行业翻译所应该具备的各项专业知识和技能。学生要收集该行业中真实的语料，模拟并寻求参与各种类型的实际翻译任务，并循序渐进地汇报其阶段性发现，将所遇到的问题和困难提出来大家一起讨论解决。因此，教师在学生阶段性的探究工作中应注意与学生加强沟通，找出阶段性工作问题的共性，倡导学生以工作坊的形式交流学习。

二、自选行业翻译探究的现实基础

随着专业细分的要求不断提高，市场越来越欢迎有具体行业实践经验且能很快独立承担工作的毕业生。然而，翻译是一项特殊的认知劳动，要求从业者除了过硬的双语基础、双语文化知识及双语转换能力外，必须对翻译内容所涉及的专业知识以及对应的行业语言表达有所了解，否则很难高质量地完成翻译任务。千人一面的统一化教育与市场需求严重脱轨，毕业生在职场竞争中很难找到制胜点。目前，为招募到合适的人才，用人单位对学生实习、联合培养抱着比较开明的态度。信息化的高度发展使得行业化的语言资源更加容易获取，社交媒体的广泛使用也使得学生能脱离时空的限制，以虚拟的方式寻找特定行业中个人经验的分享和积累。这一切都为本课程的开设提供了良好的现实条件。

语言水平、翻译技能的提高在基础课程模块为学生打下牢固的基础之后，完全可以通过选择一个特定的行业进行精练和提升。选定行业与继续提升语言水平、翻译水平没有矛盾。

学生对选定行业的翻译探究也可以通过翻译技术的各种手段进行积累、记录学习历程和成果展示。

在翻译职业化程度较高的国家，已经有了这方面的成功经验。在这些国家，翻译专业教育更多地注重翻译的专业化方向。比如英国大学的翻译学科在专业划分上，不仅仅局限在传统的口译、笔译、翻译学等专业上，还有很多具体的专业方向：试听翻译、屏幕翻译、文学翻译、法律翻译、医疗与科技翻译等。（郑淑明、李学颖，2014）。另外，在学校教育期间也鼓励学生对某一方向进行专攻，如英国的 Aston 大学"欧盟背景下的翻译硕士"（MA in Translation in a European Context）教育中就设有此类课程：
"Specialised （LSP） Translation Project"，鼓励学生选取某一专业领域进行翻译探究，将所学的翻译理论和其他知识进行综合性运用。该项目的宗旨被描述为：

> This module aims to consolidate advanced awareness of contemporary translation theories and to apply these to practical skills involved in the translation process, with reference to features of Specialised Translation including the role of corpora. Each student chooses a specific, semi-specialised domain for study and researches the subject, text conventions, lexical and grammatical features, content and intercultural issues that must be considered when translating a text from that domain. [1]

　　译文：本课程致力于加深学生对于现代翻译理论的认识，结合专业翻译的特点以及语料库的功能，将这些理论内化成翻译过程中可以运用的实践技能。每个学生选择一个特定的、半专业领域进行学习，探究相关主题知识、文本规范、词汇和语法特点、内容以及翻译该领域文本时应该考虑的跨文化因素。

　　不论从理论基础还是现实基础上看，本课程的开设都具有必要性和可行性。

三、自选行业翻译探究课程的教学设计

　　课程教学设计的目的主要是明确教学目标、确定教学理念、安排教学内容、找好教学工具、解决教学问题、优化教学效果。

（一）教学目标

　　作为个性化教育模式的核心课程，自选行业翻译探究课程的教学目标是学生结合自身实际，在前期职业规划调研的基础上选定某一特定行业，

---

　　[1]　信息引自 Aston 大学官方网站有关欧盟背景下的翻译硕士（MA in Translation in a European Context）介绍，http://www.aston.ac.uk/study/postgraduate/taught-programmes/school/languages-social-sciences/translation-european/.

针对该行业中的各种翻译文本类型，探究该行业翻译中所涉及的术语、句法、篇章、修辞、文化问题，并总结个人行业知识积累和翻译技能提升的方法，提高翻译职场学习能力和完成翻译任务综合能力。

（二）教学理念

本课程适用个性化的教育理念，教师在制定好教学大纲、设计好宏观的教学目标后，应鼓励学生结合个人需求、市场前景等因素选定拟服务行业，分阶段地制定阶段性目标，自我选定学习内容、学习方法、监控自己的学习进度，记录学习过程并分阶段地进行反思、交流，集中解决探究过程中的各项问题。

整个学习过程既有个人学习又有合作学习，既有自主学习也有阶段性的教师集中指导。自主学习绝不是让学生放任自流，而是在教师提供相应方法论指导、阶段性跟进并创造良好的互动交流学习氛围中进行。

（三）教学阶段

根据学生的学习过程和学习规律将该课程分为初始阶段、准备阶段、推进阶段和实践阶段。

初始阶段主要帮助学生解决课程目标、课程考核方式及标准、简要方法论、行业进入办法、信息收集手段。

准备阶段主要涉及学生对该行业专业术语词汇的准备、各种语料的收集，要求学生结合翻译技术课建立小型的语料库或翻译记忆库，以便后期学习探究时的调用。

推进阶段要求学生开始分析该行业翻译中的语言、修辞、篇章、文化以及相关专业知识积累的问题，通过对语料的学习、翻译实践、比较和反思找出该行业翻译中的特点及难点，以工作坊或阶段性学习汇报交流的方式与同学们进行合作学习。

实践阶段要求学生在前期学习的基础上开始模拟或实际承接该行业中的小型翻译任务进入实战型训练，能够进行自我评价，并邀请职业人士和／或教师进行综合评价。

（四）具体实施办法

除了初始阶段的第一周需要通过教师讲座，介绍本课程的相关信息并传授相应的方法论指导、信息资源利用、行业进入办法等内容外，其他各个阶段教学目标的完成都是通过学生制定阶段性学习任务结合阶段性自主学习以及阶段性学习交流汇报（以工作坊的形式）完成。一般以3—4个星期为一个阶段，由学生结合翻译辅助技术和工具记录好自己的学习进程并提交学习报告，教师汇集学生探究学习中存在的共性问题集中讨论解决，对于好的经验让学生们相互分享、学习。

（五）课程考评

本课程主要关注的是学生在选定行业中自主学习能力的发展和翻译技能的提高，考评主要依照以下几个指标。

（1）选定行业语料的收集、储备。是否建立了相对较为完整的术语表和具有一定代表性的不同体裁的双语平行语料。

（2）学习语料过程中对该行业翻译特点的总结。

（3）阶段性学习策略以及反思。教师通过学生的学习进程日志，考察学生的学习策略，通过对其阶段性学习报告的内容以及工作坊上的表现判定学生发现问题、解决问题的能力。

（4）学生提交实践阶段的模拟翻译任务（至少1 000字）或实际翻译任务，应由该行业中的职业人士和教师共同给出评估意见。

四、自选行业翻译探究的课程定位

基于上述课程设计，自选行业翻译探究这门课程具有高度的综合性，不仅整合了翻译基础课程中涉及的翻译理论、翻译技能，也整合了一定的翻译技术知识，还包括一部分实践性的内容；不仅有语言和专业知识上的学习，也有学习和翻译过程中的反思、总结。这对于学生走向工作岗位，进入全新的行业领域自如应对是大有裨益的。因此该课程完全可以放到个性化教育的核心课程模块，也可以将之放到日益重要的实践教学模块之中，有条件的学校还可以将之与翻译项目管理等相关课程进行整合。

五、自选行业翻译探究课程的教学控制点

个性化教育的难点在于学生的个性化选择存在比较大的灵活性，因此教师需要为学生提供个性化的服务和咨询，而教师又不可能熟悉所有行业，这就对教师提出了更高要求。这就需要教师从方法论上下功夫，从学生的学习策略上下功夫，从自身的理论基础上下功夫，通过及时、平等地与学生交流，敏感地帮助学生发现问题，共同探讨解决的办法，做到共同学习、共同进步。

这里面有几个教学关键点需要教师很好地进行控制：

（1）初始阶段的课程介绍、方法介绍等尤为重要，只有让学生明白了课程的整体目标，内心上的认同，才能将之转化为强有力的学习动机，促进下一步的自主学习。对于自主学习可能用到的方法、资源，教师也应该搭起"脚手架"便于学生掌握必要的工具，开展下一步的自主探究学习。

（2）中国学生的自主学习能力相对国外学生较弱，教师应该帮助学生明确这一学习过程的阶段性发展特点，通过将大的学习目标分解，便于学生理性思考具体的学习目标。实证研究表明，短期的具体的学习目标能帮助学生增加学习效能。

（3）教师应该洞悉各个阶段学生学习的困难，对于学生阶段性提交的学习报告应该加以分析，汇集那些有共性的问题，对有价值的专题予以提炼，使得学生在阶段性汇报的工作坊上能够举一反三、相互学习，受到启发，并确定下一阶段的学习目标。对于不同学生体现出来的学习策略，教师也应该具体分析，帮助学生正确决策何时选取何种学习策略解决特定问题。

自选翻译行业探究课程集系统性、综合性、实践性、自主性和个性化为一体，符合学生在 MTI 教育高级学习阶段的认知特点，能很好地服务MTI 教育人才培养目标。由于修改培养方案需要一定的时间，培育和发展一门新的课程也需要时间，在课程实施之前应充分考虑各种影响因素，保证课程的顺利实施。

第十三章 个性化 MTI 教学方法个案研究：
基于知识本体的专题口译教学

个性化的教学理念不仅适用于整个 MTI 教育模式，也可以渗透到 MTI 教育的每一个环节，更可以通过具体的教学手段应用于单门课程。口译训练中相对引人注目的课程当属专题口译教学了。

不同于西方口译界，由于条件的限制，中国的口译员很少具备双语的家庭成长环境或轻松拥有双语的工作、生活经历，很少有真正的平行双语者。因此我国目前的口译训练仍然有很大一部分内容体现在提升译者专业外语水平和相关专业知识上面，这使得口译训练面临着双肩挑的困难。

伴随认知科学的发展，自 20 世纪 90 年代以来知识本体（ontology）被大量地应用在计算机科学、人工智能和知识工程等领域。知识本体理论和技术对知识的高效管理、隐形知识的推理、知识自动发现等方面的应用，与口译的瞬间调动知识结构进行语言转换存在着惊人的相似。作为个性化教学方法的一个研究个案，本章旨在探索知识本体应用于专题口译训练的可能性和有效性，以及如何利用该技术实施个性化的口译教学。

一、知识本体的研究和应用

知识本体的概念是从哲学中"本体论"（ontology）借用而来的。哲学所讲的本体论是关于存在本质和共性的思考，主要对世界上的事物、现象进行分解并以规范性的分类来认识事物的本质。这里的知识本体（ontologies/ontology）是一种科学本体论，关注被科学理论认为是最基本的具体存在，涉及具体领域中的基本知识架构。由于被广泛用于计算机科学，计算机科学专家 Studer（1998）给出了明确的定义："知识本体是对概念体系的明确的、形式化的、可共享的规范。"（An ontology is a formal explicit specification of a shared conceptualization.）因此知识本体是事物及其范畴的形式分类系统，是掌控概念体系的规范。

知识本体经严格的形式化后，可以对人类的全部知识进行整理和组织，使之成为有序的知识网络。它可以帮助我们对领域知识进行系统分析，因其高度形式化也便于计算机处理，实现人和人之间以及人和计算机之间的知识共享，在一定领域中实现知识的重新使用。本体在 Web 上的应用导致了语义 Web 的诞生，解决 Web 上信息共享时的语义问题。另外本体可以有效地进行知识表达、知识查询，或不同领域知识的语义消解。本体还可以支持更丰富的服务开发、匹配和组合，提高自动化程度。本体知识管理（ontology-based knowledge management）可实现语义级知识服务，提高知识利用的深度，还可以支持对隐性知识进行推理，方便异构知识服务之间实现互操作，方便融入领域专家知识及经验知识结构化等。（胡惮，2011）从其服务领域来说，知识本体广泛应用在知识管理、情报搜索、远程学习、电子政务、电子商务等领域。

二、口译员知识结构和知识本体

在口译界，早期的释意派代表人物 Selescovitch （1978）认为口译的关键是释意，认为背景知识与感知相结合可能形成概念化的心理表征。认知派代表人物 Gile（1995）在其口译理解的公式中认为 C＝KL＋ELK＋A（Comprehension＝Knowledge for Language＋Extralingual Knowledge＋Analysis）即"理解＝语言知识＋言外知识＋分析"。我国著名的口译专家仲伟合认为：一个好的译员的知识结构应该由以下三个板块组成：KI＝KL＋EK＋S(P＋AP)。其中：KI＝Knowledge Required for an Interpreter（译员应该掌握的知识）；KL＝Knowledge for Language（双语知识板块）；EK＝Encyclopedic Knowledge（百科知识包括译员必须掌握的专题知识）；S(P＋AP)＝Professional Interpreting Skills and Artistic Presentation Skills，即"技能板块＝职业口译技能"。也就是说，译员的知识结构应分为"语言知识板块、百科知识板块、技能板块"三个板块。

　　译员的技能可以通过大量的口译操练和实践完成，国内的口译训练在这一块发展得也比较成熟。然而译员语言知识和百科知识，除了平时要积累大量的专业领域知识和专业词汇外，还要做充分的译前准备工作，即在短时间内要了解甚至熟悉某陌生领域的基础知识。这不仅仅涉及词汇量，实际上译员对该领域概念关系的掌握，其重要性并不亚于词汇本身。知识本体，作为掌握概念体系的规范，可以将具体领域的知识整理和组织成有序的知识网络，显然是帮助译员进行这种结构化知识预备的最理想手段。

三、知识本体与专题口译训练的认知心理学分析

　　专题口译训练是提升译员口译水平的重要训练，它整合了译员的语言知识、专业知识、口译技能，是三位一体的综合训练，在译员的训练中占的比重最大。将知识本体运用在专题口译训练中会起到什么样的作用，本节将从认知心理学的角度进行分析。

（一）知识本体与口译信息加工

　　口译的理解、意义形成和译语表达是一个信息加工的过程。译员接收到言语、语言性语境和非语言性语境的外部刺激后，其背景知识图式便被激活，对所接收到的信息进行加工，形成意义，然后根据自己的背景知识图式将此意义用目的语固定下来，完成译语输出。专题口译训练中，译员需要利用自己的知识结构对输入的信息有很强的整体信息把控能力，需要在瞬间内理解话语的整体结构，迅速理解构建一个语段内关键概念之间清晰的关系脉络。语段信息结构的整体语码转换，其效果远远优于信息片段的零星语码转换。

　　就口译信息加工方面而言，知识本体一方面能够帮助译员建立强大的背景知识图式，为言语符号的理解提供更多的语境信息，对信息的理解提供支持。另一方面，利用知识本体进行大脑风暴训练，如随机给出特定领域的几个概念，让译员用双语中的任何一种语言将其组织成有序的语篇，这本身就是一种很好的思维能力锻炼，有助于译员整体信息加工能力的提高。

（二）知识本体与口译短时记忆

　　口译活动由于源语稍纵即逝的特点，必须在短时间内做出反应。好的

记忆能帮助译员识记、保持、再认信息，减少笔记，以最快速度完成对源语的理解和译语产出。这里说的记忆主要是短时记忆或工作记忆。德国著名的心理学家 Ebbinghous 发现，无论信息是数字还是字母、音节或不相关的词，短时记忆的容量平均为 7±2 个单位，十分有限。而口译又十分强调译员的瞬时记忆能力。（安新奎，2004）短时记忆的编码方式主要有三种：听觉编码、视觉编码、语义编码。前两种编码属于基于刺激外部特点的感觉编码，语义编码则体现了思维活动的介入，从信息加工水平来讲基于刺激内部意义的语义编码较深。（刘绍龙，2007）因此对零星知识的强化瞬时记忆，远不如将信息点组成具有一定逻辑性的网络进行记忆。知识本体是一个具有严格逻辑关系的概念网络结构，在信息加工上具有优势，非常有利于这种能力的训练。

另外，为加大短时记忆容量，Wood（2001）提出一种强化训练模式，该模式是以自动加工和提取常备预制词块为中心的流利表达模型。按照这个模型，多词单位词块可以不受短期记忆容量和规则配置控制的约束而产出话语，对表达的流利度十分重要，而且词块具有融"形式—功能"、"语法—语义—词汇"为一体的特点，在语言的计划和形成过程中可以在多个点被同时提取，这样可以大大减少提取时间。知识本体完全可以通过能够表达具体概念的词块进行表示，译员在大脑里如果沿着知识本体的概念网络存储了大量的词块，在口译时就不用逐个选词，再把这些词按照一定的语法规则组成合适的片段。这个复杂的过程被简化为一步，同时又由于使用了本族语者使用的预置词块，减少了语法和用词错误，提高了语言产出的准确性和地道性。因此对照双语的领域知识本体，如果译者能将其整理成能表达概念和概念关系的词块表，一定能大大提高短时记忆的加工效率和加工容量。

（三）知识本体和口译长时记忆

口译活动不仅需要大量调用短时记忆，还要长时记忆的参与。Tulving（1972）将长时记忆分为：情景记忆和语义记忆。情景记忆的信息来源是感觉，而语义记忆处理的信息来源则是理解。情景记忆是对在一定时间内发生的事件的记忆，语义记忆是运用语言对事物意义、关系、概念、法则等知识的记忆。既然语义记忆是运用语言为载体对各种知识的记忆，那我们就可以将外语知识与专业知识的记忆结合起来。知识本体中的词义关系是完整知识体系的经纬，（黄居仁，1992）因此，我们就可以通过建立知识体系的词块系统来完成外语及专业知识的双向存储任务。运用知识本体帮助语言知识和专业知识进入长时记忆正是语义记忆的一种有效应用。

　　冯志伟将知识本体分为通用本体（common ontology）、领域本体（domain ontology）、语言本体（language ontology）以及形式知识本体（formal ontology）。[1] 其中与口译训练最相关的是领域知识本体和语言知识本体。译前准备阶段译员、学员可以收集和参考特定领域的知识本体信息，包括英文的和汉语的版本，然后可以自行整理成可视的双语词块表和能显示该领域的知识架构的概念树。这样的词块表比术语知识本体更为宽泛，因为词块超出了术语的范围，也不是严格意义上的领域知识本体，词块之间的联系反应的是彼此概念间的联系。这些概念的连接不像领域知识本体完全遵循严格的逻辑和范畴联系，可以采用联想、对比、描述等其他手段建立联系。比如说学生在参考保险领域知识本体时，涉及有关保险原则时学生可以做如下整理：先给出 4 项基本保险原则，再在各项原则项下用语块标出各层附属概念关系，或解释，或举例，或给出相对概念等等（图13-1）；如果该项下附属概念关系较多则可以另外单独列出。

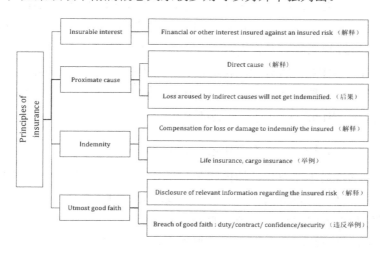

图 13-1　译前准备整理的保险原则语块工作表

---

　　[1]　冯志伟．关于术语 ontology 的中文译名："本体论"与"知识本体"［EB/OL］．http://www.survivor99.com/pscience/ 2006-9/ontology_fzw.htm.

借助专业知识的本体化，理清了概念之间的关系，就能获得相对完备的知识体系。如果存在可用本体，学生可以根据自己的需要整理出双语或单语语块工作表；即使没有可用本体，也可以借助相关教科书、学科分类辞典等内容提炼自己的译前准备语块工作表，使得学生在清楚相关知识体系的同时还有重要的外语表达与之对应，这种多重关联会强化理解和记忆。而且由于提纲挈领，使得短时间内大量的语言知识和专业知识进入长时记忆成为可能，避免了精力和时间的浪费，大大提高了认知效率。

（四）知识本体与口译预测

口译是一项高强度的脑力活动，专题口译中更是如此，译员不仅要听懂并理解专业内容，还要进行短期记忆加工并同时进行译入语言转换等多项任务。Gile（2005）关于同传的"认知负荷模型"指出译员在听解、短时记忆和译语生成上都会占用译员的认知处理能力，而这一能力是有限的，任何一项任务占用精力过多都会影响其他任务的完成。译员在短时间内为完成多项工作，必须借助各种各样的策略。比如信息预测能缓解译员短时记忆的负担，减小听解的难度，使译员获得一定的时间和心理上的提前量，从而腾出精力提高译语产出质量。口译预测不仅仅涉及源语词句、语篇组织的预测（语言内预测），还涉及运用百科知识（包括该领域的专业知识）以及相关语境知识等对发言人观点、态度、风格等因素进行预测（语言外预测）。知识本体对语言外预测帮助最大。利用知识本体清晰的知识结构网，译员很容易建立起各个概念之间的连接点，就一个概念可能引申的范围进行逻辑推理，因此很适合这种能力的训练。

（五）知识本体与口译中的应急策略

口译的现场千变万化，场内因素和场外因素，都会给译员造成听解和产出困难，出现卡壳现象。知识本体中概念间的相互关系，尤其是广泛存在的同位和上下位关系，为译员的语言表达提供了很多可选方案，非常有利于译员在紧急情况下急中生智，避免卡壳。比如领导视察工厂如果问到了瓦斯继电器，而译员一时记不起瓦斯对应的英文，联系到知识本体中，"瓦斯"的上位概念是"气体"，因此可以试着采用其上位概念代替，翻译为"gas relay"并说明你不确定是否对应了专业术语。这样的应急，有时很奏效。事实上瓦斯继电器的正确译法真的是"gas relay"。又如，口译时如果不知道景泰蓝（cloisonne）可以用上位概念加上修饰语进行解释"A type of famous fine china style made during Jingtai Period of Ming Dynasty"。

（六）知识本体与口译自动化

译员的口译活动通常分为自动加工过程和控制性加工过程。Norman 和 Shallice 对自动化有三种区分：全自动化、部分自动化和监控性注意。全自动化体现了译者翻译时无需注意的信息加工，其加工容量没有一定的限制，译者可以完全脱口而出。优秀的译员（很多情况下是平行双语者）通常会接近翻译过程的自动化或部分自动化。（刘绍龙，2007）这也是口译教学的最高目标（完全的自动化几乎是不可能达到的）。通常影响翻译自动化的因素有三点：恰当（符合译者知识水平和语言水平）、足量的刺激输入、经常有序的提取训练或刺激训练、长期不断的翻译实践。

通过借用领域知识本体进行可视化的词块加工提取训练或刺激训练，译员的知识结构会不断得到完善，从而使得源语信息相对译员来讲更为"恰当"。另外，由于不同的词块被赋予了语境和相关概念在知识本体所处的位置，译员在一定的背景知识下提取语块更加容易，从而大量的接受词汇转换成产出词汇。由于参照双语的领域知识本体至少可以在词、词组层面直接进行语义关联，直接预接通，这样给译员的口译过程接近部分自动化状态创造了良好条件。

四、基于知识本体的专题口译个性化教学

以上分析表明知识本体完全可以应用到专题口译训练中，可以和译前准备、语言表达、思维训练、单项口译技能训练、综合口译训练结合起来。由于该工具能被老师和学生在课堂内外进行运用，根据学生的相关知识掌握水平进行个性化教学。

（一）课前模块：译前准备

1. 利用知识本体收集术语和相关概念

领域知识本体是领域知识的抽象，是各个学科领域内知识工程建设和自动化管理的重要资源，目前国外已经公开发布并得到广泛使用的领域本体库资源很多，比如生物信息学领域的基因本体（Gene Ontology, GO）、

文化遗产保护领域的 CIDOC 概念参考模型（CIDOC Conceptual Reference Model）、医疗卫生领域的疾病本体（Disease Ontology）、语言学领域的基础性核心语言学本体（Foundational, Core and Linguistic Ontologies）和语言描述通用本体（General Ontology for Linguistic Description, GOLD）等等。[1] 国内很多领域的学者也纷纷在研究和构建本领域的知识本体，如交通、中医、建筑、管理等。这些领域内的分类词表也能帮助译者在短时间内获得该领域中的核心概念。

除了这些领域本体之外，由普林斯顿大学开发的通用语言本体 Wordnet 和美国电气和电子工程师协会（Institute of Electrical and Electronics Engineers, IEEE）开发的建议上层共享知识本体（Suggested Upper Merged Ontology, SUMO）等通用本体也是我们获取领域术语列表的重要资源。而且，相对于领域本体，这些资源都有免费的在线查询入口，更容易获取。

例如，如果待翻译的议题跟武器（weapon）相关时，我们可以预先在 SUMO 中检索，获取该概念节点下的所有的下位概念，如图 13-2 所示。

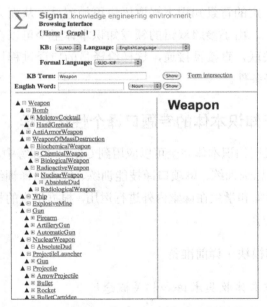

图 13-2　Sumo 中"武器"概念树（部分）[2]

[1]　参考维基百科：http://zh.wikipedia.org/wiki/ 本体 _（信息科学）。
[2]　SUMO 在线检索入口：http://50.18.253.215:8080/sigma/Browse.jsp?kb=SUMO/。

同样，我们也可以在 Wordnet 中检索，获取"武器"概念节点下的概念树，如图 13-3 所示。值得一提的是，Wordnet 中不但有概念的层级结构，还包含每个概念的详细语义描述，这对我们准确理解和把握每个概念无疑是大有裨益的。

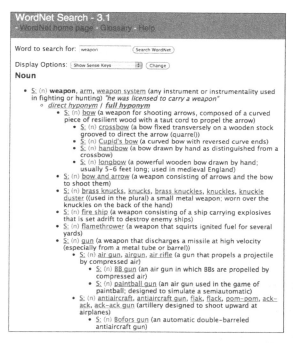

图 13-3　Wordnet 中"武器"概念树（部分）[1]

2. 利用知识本体澄清概念

由于缺乏相关专业知识，即使译员掌握了相关双语词表，仍然很容易混淆概念。知识本体由于概念分类层级清晰，对概念进行了分类并指明了概念与概念之间的关系因而有助于译者澄清概念。在 WordNet 中，我们不但可以清晰地看到概念系统的树状结构，找出一个词的上义词群、下义词群、同义词群、反义词群，还能够看到概念与概念之间的蕴含关系、部分与整体的关系等多种复杂的语义关系。

此外，通过本体可视化技术，还可以将一个本体中的概念系统表示为

---

[1]　Wordnet 在线检索入口：http://wordnetweb.princeton.edu/perl/webwn/。

清晰的结构图，方便译者整体、直观地把握一个主题内的所有概念及其相互之间的关系。例如，通过本体可视化编辑软件 Protégé 4.2 对中文叙词表本体（onto thesaurus）中的一个词条"地下水"以 Spring 的模式进行可视化显示，得到如图 13-4 所示的结果（曾新红、蔡庆河、曾汉龙等，2012）：

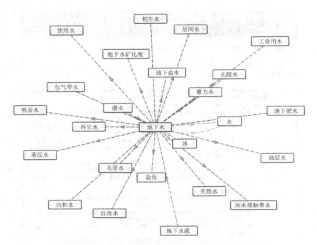

图 13-4　本体可视化显示示例

知识本体的这种全局性能帮助译者核查相关主题知识的掌握情况，迅速定位自己的弱项，针对性地收集语料进行训练，不仅如此学生和学生可以相互结对检查，教师也可以便利地使用。

3. 语块的自动转换训练

知识本体中的任一概念可以用相应的语块进行表示，译者对概念的自动化或半自动化处理能帮助译者节省信息处理的时间，扩大短期记忆的容量。因此译者如果能将领域知识本体的内容转换为双语对应的工作表，提取相应语块的效率就能提高。同样，译者的个性化准备与词块自动化转换练习也能由译者自行调节。

译前准备可以由译员收集、参照现有的领域知识本体，最好双语都有。如果没有现成可用的本体，也可以自行加工并整理成可视化的专业词块知识体系，随时对相关内容进行自我测评，从术语、到概念、到观点以及专业分析。学习者可以根据相关主题画出思维导图，选取任何一个概念进行展开，考察自己在这一领域内就某一话题的深入是否具备足够的理解能力。在课堂开始的时候，译员可以通过资源共享、信息交流来扩大领域知识本体范围。

（二）课堂训练模块

1. 随时进入，即兴演讲

借助整理好后的专业词块汇编，就知识本体中的任何内容随时进入进行双语中任何一种语言进行演讲。演讲内容可以是该部分的内容介绍，或者是与之相关并延伸出去的话题内容，考察自己是否能用"行话交流"。这样，锻炼了译员的公共演讲能力，调动了他们刚刚存储进长时记忆的专业知识和外语知识，使得它们得到被动提取，激活并强化这一板块的长时记忆。

2. 将知识本体用于信息加工训练

虽然不同领域本体概念关系可能完全不同，译前准备时译员可以根据自身的需要定义概念与概念之间的关系，提取相关信息。在口译训练时，再现这些概念之间的关系在口译信息处理时尤为重要。如何再现概念之间的关系？从知识本体中抽取概念让译员通过一定的逻辑关系将他们组织成语篇就是很好的训练。比如从下图（图13-5）中抽取"育种"、"栽培技术""诊断"以及"虫害治理"四个概念，要求译员不更改或更改其出现顺序说一段话，这就是一种逻辑思维训练。

译员当然还可以拿其他人整理的内容看自己是否能在各个语块之间建立逻辑联系，谋话成篇。

在通过知识本体获得了更深刻认识的基础上，还可以将专业信息密度很高的语篇切分，打乱顺序，让译员短时间内将听到这些混乱的信息片段还原。

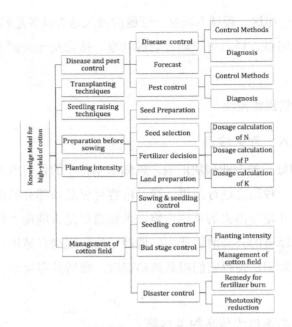

图 13-5　Visualization of Task Ontology（翻译）（魏圆圆，2011）

3. 课堂中的预测练习

预测练习可以在教师介绍了会议的主题是杂交棉种生产，并提供相关知识本体片段后，让学生对会议可能涉及的子主题进行预测，或者将会议录音中途停下来由学生猜测随后可能出现的话语。借用了知识本体，预测会使得不熟悉专业领域的译者更容易做出假设并提高假设的准确率。

4. 将知识本体用于应急反应训练

频繁地提取近义词、反应词、上义词、下义词等对译者在应急状态下选取灵活应对策略很有好处。我们可以从知识本体找出一些高难度术语，要求学员提供各种变通解释，这样的练习我们可以通过 WordNet 进行。

5. 针对弱项，有的放矢

针对知识本体掌握的薄弱环节，教师可以通过输入该部分的高频词调用相应的语料库进行针对性训练，使得教学内容尽量根据学生水平进行调整。随着语言知识和专业知识的增加，还可以选择难度更高的材料，这些训练都可以和具体的口译技能结合起来，三位一体（语言、专业知识、口译技能）地提高专题口译质量。

（三）课后模块

课后鼓励学生将能代表领域知识本体的分类语块表在博客、BBS 或其他在线互动工具上进行交流。基于本体掌握发现的薄弱部分也可以继续通过增加磁带小时针对性训练。

专题口译训练一般分为两个阶段：初始阶段和主训练阶段。在初始阶段，记忆力、信息加工训练是基本要求。知识本体可以用于长时记忆、短时记忆、思维训练以及信息加工训练。在接下来的主训练阶段，知识本体主要可以用于译前准备、专业表达检查、单项口译技能训练以及综合口译训练等。

将知识本体的概念引入专题口译训练，遵循了认知规律，使得译员在语言知识学习和专业知识学习上能够系统化，便于知识的存储、搜索、加工和使用。知识本体对译员的信息加工能力、短时记忆容量、长时记忆扩容和激活、预测能力、应急变通能力都有帮助，这些帮助会使得译员的训练更加接近半自动化或准自动化的目标。

个人的实践教学也只是暂时将其用在了译前准备环节，虽然起到了一定的收效，但是尚无对比实验，还处在从理论角度对知识本体应用进行理论假设和推理的阶段，如何结合各种不同的训练手段促进译员前知识的高效运作，以及知识本体对口译质量的提升影响到底多大都还有待深入。知识本体作为一种教学工具，可以灵活地为教师和学生在课堂内外进行使用，有助于个性化教学的开展。

但是，特定领域知识本体的应用需要译员广泛收集材料耗时耗力，其可获得性也受到一定的限制，另外也需要进行一定的加工整理才能适用教学。翻译技术和翻译教学系统的开发如果能够整合不同学科领域的知识本体，对专题口译训练将是非常宝贵的资源，将极大地改变目前专题口译培训的方向、理念和教学设计。

本篇参考文献

[1]Barney J B. Firm Resources and Sustained Competitive Advantage[J]. Journal of Management,1991(17): 99-120.

[2]Gile D. Basic Concepts and Models for Interpreter and Translator Training[M]. Amsterdam & Philadelphia: John Benjamin's Publishing Company,1995.

[3]Knowles, M S. Self-Directed Learning[A]. A Guide for Learners and Teachers [M]. Englewood Clifs: Prentice Hall/Cambridge, 1975.

[4]Locke, E. A. The Motivational Effects of Knowledge of Results: Knowledge or Goal-Setting[J]. Journal of Applied Psychology,1967(51): 324-329.

[5]Prahalad C K, Hamel G. The Core Competence of the Corporation[J]. Harvard Business Review ,1990(66):79-91.

[6]Selescovitch, Danica. Interpreting for International Conferences[M]. Washington: Pen and Booth, 1978.

[7]Tulving E, Donaldson W. Organization of Memory[M]. New York: Columbia University Press,1972

[8]Wood D. Formulaic Language in Acquisition and Production Implications for Teaching[J]. TESL Canada Journal, 2002(1).

[9]安新奎.论口译记忆 [J]. 中国科技翻译，2004（4）.

[10] 蔡静.新世纪以来国内信息化翻译教学研究述评 [J]. 外语界，2010（2）.

[11] 蔡克勇.高等教育的国际化、国家化、地方化、个性化 [J]. 中国高教研究，2001（10）.

[12] 曹莉.翻译硕士专业学位（MTI）研究生教育的课程设置探讨 [J]. 学位与研究生教育，2012（4）.

[13] 曹曦颖.任务型翻译教学模式理论基础研究 [J]. 四川师范大学学报（社会科学版），2008（5）.

[14] 曾立人.从翻译产业发展和译员生存状况看译员人才培养 [J]. 山

西财经大学学报，2011（S1）.

[15] 柴明颎.对专业翻译教学建构的思考——现状、问题和对策 [J].中国翻译，2010（1）.

[16] 柴明颎.翻译硕士专业学位教育——上外高翻综合改革试点 [J].上海理工大学学报（社会科学版），2012（2）.

[17] 车晓睿.翻译硕士专业学位（MTI）课程建设调查分析 [J].大家，2012（1）.

[18] 丁大刚，李照国，刘霁.MTI 教学：基于对职业译者市场调研的实证研究 [J].上海翻译，2012（3）.

[19] 丁卫国.基于框架理论的翻译教学模式研究 [J].外语界，2013（6）.

[20] 段自力.网络辅助课程与翻译教学整合实证研究 [J].中国翻译，2008（2）.

[21] 冯建中.翻译教学专业化背景下的双语课程体系建设 [J].外语研究，2009（4）.

[22] 冯全功，张慧玉.以职业翻译能力为导向的 MTI 笔译教学规划研究 [J].当代外语研究，2011（6）.

[23] 冯全功，苗菊.实施案例教学，培养职业译者——MTI 笔译教学模式探索 [J].山东外语教学，2009（6）.

[24] 葛林，罗选民，董丽.诺德翻译能力理论观照下的 MTI 培养模式研究——以十三所高校问卷调查为例 [J].中国翻译，2011（4）.

[25] 胡惮.概念变体及其形式化描写 [M].北京：中国社会科学出版社，2011.

[26] 孔令翠，王慧.MTI 热中的冷思考 [J].外语界，2011（2）.

[27] 李明，仲伟合.翻译工作坊教学探微 [J].中国翻译，2010（4）.

[28] 李瑞林.从翻译能力到译者素养：翻译教学的目标转向 [J].中国翻译，2011（1）.

[29] 连彩云，荆素蓉，于婕.创新翻译教学模式研究——为地方经济发展培养应用型专业翻译人才 [J].中国翻译，2011（4）.

[30] 梁庆.个性化：中国高等教育发展的必然选择 [J].钦州学院学报，

2007（5）.

[31] 林克难.翻译教学在国外 [J].中国翻译，2000（2）.

[32] 刘和平.翻译教学模式：理论与应用 [J].中国翻译，2013（2）.

[33] 刘宏伟，穆雷.我国翻译教学研究方法现状与反思——基于 2002—2011 年外语类核心期刊论文的统计分析 [J].外语教学，2013（2）.

[34] 刘宏伟.谈本科翻译专业实践教学体系的构建 [J].中国电力教育，2010（19）.

[35] 刘宓庆.英汉翻译技能训练手册 [M].北京：旅游教育出版社，1989.

[36] 刘绍龙.翻译心理学 [M].武汉：武汉大学出版社，2007.

[37] 刘献君.高等学校个性化教育初探 [M].武汉：华中科技大学出版社，2012.

[38] 陆世宏，崔晓麟.硕士研究生课程学习与创新素质的培养 [J].广西大学学报：哲学社会科学版，2010（6）.

[39][美] 迈克尔·波特.竞争战略 [M].陈小悦，译.北京：华夏出版社，2005.

[40] 苗菊，高乾.构建 MTI 特色课程——技术写作的必要性 [J].中国翻译，2010（2）.

[41] 苗菊，王少爽.翻译行业的职业趋向对翻译硕士专业（MTI）教育的启示 [J].外语与外语教学，2010（3）.

[42] 苗菊，朱琳.认知视角下的翻译思维与翻译教学研究 [J].外语教学，2010（1）.

[43] 穆雷，王巍巍.翻译硕士专业学位教育的特色培养模式 [J].中国翻译，2011（2）.

[44] 穆雷.建设完整的翻译教学体系 [J].中国翻译，2008（1）.

[45] 穆雷.翻译的职业化与职业翻译教育 [J].中国翻译，2012（4）.

[46] 潘旭华.电子商务专业实践教学体系构建与实施的研究 [J].计算机教育，2010（8）.

[47] 庞维国.自主学习理论的新进展 [J].华东师范大学学报，1999（3）.

[48] 平洪.把握机遇，积极探索，开创翻译专业学位研究生教育的新

局面——全国翻译硕士专业学位教育 2011 年年会综述 [J]. 中国翻译，2011（3）.

[49] 平洪. 办好翻译专业学位教育，服务国家发展需求——全国翻译专业学位研究生教育 2012 年年会纪实报道 [J]. 中国翻译，2012（3）.

[50] 平洪. 与时俱进，提升内涵，推动我国 MTI 教育持续发展——全国翻译专业学位研究生教育 2013 年年会综述 [J]. 中国翻译，2013（4）.

[51] 平洪. 主动服务社会需求，全面提高 MTI 教育质量——全国翻译专业学位研究生教育 2014 年年会综述 [J]. 中国翻译，2014（3）.

[52] 万兆元. 基于多媒体与博客（圈）的交互式翻译教学模式探索 [J]. 电化教育研究，2012（4）.

[53] 王传英. 本地化行业发展与 MTI 课程体系创新外语教学 [J]. 外语教学，2010（4）.

[54] 王建国，彭云. MTI 教育的问题与解决建议 [J]. 外语界，2012（4）.

[55] 王晋瑞. 关于开设 MTI 特色专业方向及相关课程设置的思考 [J]. 学位与研究生教育，2010（7）.

[56] 王聚辉. MTI ＋ CAT 翻译硕士联合培养模式探讨 [A]. 全国首届翻译硕士（MTI）教育与翻译产业研讨会论文集 [C]，2009.

[57] 王志伟. 美国应用型翻译人才培养及其对我国 MTI 教育的启示 [J]. 外语界，2012（4）.

[58] 魏圆圆. 基于本体论的农业知识建模及推理研究 [D]. 中国科学技术大学，2011.

[59] 吴启金. 翻译教育要进一步与市场需求相衔接 [J]. 外语与外语教学，2002（7）.

[60] 许钧. 外语教育：新世纪展望 应该加强翻译教学改革 [J]. 外语研究，2000（2）.

[61] 杨军. 论高校"个性化教学"过程中的教师角色转变 [J]. 教育探索，2007（9）.

[62] 杨柳. 信息化翻译教学的图景 [J]. 外语与外语教学，2005（11）.

[63][美] 约翰·杜威. 我们怎样思维：经验与教育 [M]. 人民教育出版社，2005.

[64] 曾新红，蔡庆河，曾汉龙等．中文叙词表本体可视化群组布局算法研究与实现 [J]. 现代图书情报技术，2012（10）．

[65] 张晋．高等职业教育实践教学体系研究 [D]. 中国博士学位论文全文数据库，2008.

[66] 张瑜．全球化时代的中国翻译教学走向 [J]. 外语界，2003（1）．

[67] 赵军，蒲波，房洪全．研究生个性化教育扫描：问题、原因与对策——基于研究生培养机制改革的视角 [J]. 学位与研究生教育，2012（6）．

[68] 郑淑明，李学颖．英国翻译教学与研究概览 [J]. 中国翻译，2014（2）．

[69] 仲伟合，穆雷．翻译专业人才培养模式探索与实践 [J]. 中国外语，2008（6）．

[70] 仲伟合．我国翻译专业教育的问题与对策 [J]. 中国翻译，2014（4）．

[71] 仲伟合．翻译硕士专业学位（MTI）及其对中国外语教学的挑战 [J]. 中国外语，2007a（4）．

[72] 仲伟合．翻译硕士专业学位教育点的建设 [J]. 中国翻译，2007b（4）．

[73] 仲伟合．译员的知识结构和课程设置 [J]. 中国翻译，2003（4）．

[74] 周炎根，桑青松．国内外自主学习理论研究综述 [J]. 安徽教育学院学报，2007（1）．

后　记

接触翻译学也就是最近几年的事情，虽然以前体验过短暂的翻译职业生涯，纵然承担高校英语教学也要求一定的理论思考，平心而论自己的思想却从未走进翻译深处。直至 2010 年赴广东外语外贸大学高翻学院访学，师从仲伟合教授，才豁然发现了翻译学这片广阔的天地，这里既有艺术和科学的结合、感性与理性的交织、主体与客体的交互、忠实与叛逆的辩证，更是融合了语言学、哲学、文学、社会学、文化学、认知科学等各门学科。有幸进入的人无不在此流连，不断发现研究兴趣，捕捉继续前行的灵感和动力。

翻译学不仅仅反思我们的翻译实践，体现翻译实践者对翻译技能、翻译职业、翻译理想以及翻译艺术孜孜不倦的追求，同时还从各个视角不断加深我们对翻译以及这个世界的认识：翻译的本质是什么？黑匣子里的语言转换、认知转换如何进行？翻译与政治、经济、文化之间如何相互影响……翻译成为一个独立的学科，已经展开了一部由"纯翻译学（包括理论翻译学和描写性翻译学）以及应用翻译学"在内的宏大画卷。（霍尔姆斯，1972）[1] 于我而言，翻译学中最有魅力的是其作为人文学科所体现出来的人文理想和人文关怀。人文理想体现在翻译学对"真知"——翻译本质的深入探寻；对"善"——翻译服务人类的最终目的执着追求；对"美"——传播语言和思想之美的永不放弃。翻译学中的人文关怀主要考察翻译如何

---

[1]　1972 年，霍尔姆斯在哥本哈根召开的第三届国际应用语言学会议上首次发表了《翻译学的名与实》（"The Name and Nature of Translation Study"）一文，对翻译学的研究目标、研究范围以及学科内的划分提出了详细的构想。

在语言、文化、意识形态差异之间传递思想、平衡力量、和谐共生；这里面自然也包括了探究支撑译者、学者进行翻译活动和翻译研究的一系列价值体系。文化的差异、价值观的冲突体现在翻译行为和翻译研究之中，形成异质之美，为各个学科从翻译活动中提取问题、启迪研究提供了营养丰富的土壤，也使得翻译学本身在与其他学科交融的过程中扩大视阈、纵深发展。

《译事三论》来自平时学习中的点滴思考，虽为点滴，却也逐渐连点成线，形成了一些相互关联的观点，主要分为文化翻译论、翻译伦理论、翻译教学论三大块。第一篇文化翻译论从对翻译本质的思考出发，考察与语言、信息与世界之间的关系，提出了翻译传递的是包括认知信息、交际信息和审美信息在内的立体语言信息，翻译实际上是在人类认知、社会规约以及审美差异中把握语言意义，实现参与各方交际意图博弈的社会行为。这一过程中，译者平衡了各方交际意图而确定的翻译意图是通过动态调整语言信息的三个维度而实现的。

该翻译本质的哲学思考同样也适用于文化翻译，翻译中异质文化的差异均体现在语言信息的三大维度上，源语信息中传递出来的认知信息、社会规约交际信息和审美信息作用于世界分别体现为语言的认知功能、交际规约功能和审美功能，虽然源语发出者可以选择语言形式，动态调整语言各功能的分布以实现自身的交际意图，但是在一定的交际语境下，语言功能的动态分布是有规律可循的。译者在接受了立体语言信息后，会平衡交际各方的不同期待确定翻译意图，重新调整这些语言功能在译语文化中的动态分布来实现信息传递的二次意图。

通过回归语言功能思考文化翻译的原则和策略不仅考虑了翻译目的同时也考虑了翻译目的实现的具体途径，译者在文化翻译过程中应将语言中的认知、交际、审美因素结合起来考虑，根据各语言功能实现的层次采用关联—顺应理论在具体语境下选择最佳译语。基于异化策略考察译语各层次功能的实现来确定最终的翻译策略和手段，也避免了翻译功能派偏颇译语文化的倾向。不仅翻译的本体研究将继续关注语言在字、词、句、篇、艺术表现等方面的语言规则如何对应各项语言功能，同时借助于语言功能，文化翻译的处理不再是一个个案问题，归化、异化的适用变得清晰起来，有了相对统一和便于操作的原则。

讨论了文化翻译的策略、原则之后，在参与导师仲伟合教授主持的2012年广东省人文社会科学重大攻关项目"岭南文化精品外译研究"的过程中，我的思考渐渐聚焦在当前中国文化走出去的声音，梳理外译研究文献时发现目前文化外译研究存在不平衡发展和研究视野局限的问题，随着文化外译研究的不断升温，外译实践的发展和创新急需理论上的引导。基于前面对翻译本质的论述：翻译传递语言立体信息的活动也是体现人类意志的社会活动，文化外译不仅仅体现了个体意志，也体现了国家意志。因此引入社会学视角，我们将翻译视作一个社会子系统来考察其与其他社会系统的关系，通过联系的方法不难发掘驱动、制约和促进文化外译发展的各种因素。在导师的指导下和导师共同撰写的《翻译社会学视角下建构文化外译研究体系》一文，分别从宏观、中观、微观三个层面探讨了文化外译研究对象的层次与研究体系，以期能为外译研究的良性发展抛砖引玉，为文化外译的后续研究提供一些方向性思考。

另外，在文化翻译的译者研究上，我有意识地选取清末民初传教士丁韪良作为翻译社会学路径进行译者研究的案例，将该译者放入当时的社会历史背景环境下，从社会学多重身份视角解析该译者的跨文化翻译传播活动。

第二篇翻译的伦理论仍然从翻译的本质出发探讨翻译活动所复合的除翻译本质之外的其他社会活动层面，揭示翻译伦理的多维性；本章将梳理了翻译伦理研究的发展脉络，分析国人呼吁建立的翻译伦理学是否具备一定的理论基础以及其学科定位应该何如。接着从翻译职业伦理建设入手，辨析了职业伦理中的制度伦理与个人伦理，重点考察了中西翻译职业道德规范的异同，职业规范中对译者角色的定位，译者多重角色与译者职业道德规范的冲突，最终得出翻译的制度伦理建设应该从改变现有职业道德规范开始，建立起完善的制度保障机制。在本篇末尾，我通过探讨技术在翻译实践中引发的伦理关注，并提出解决办法，再次从另外一个角度论证了制度伦理建设的必要性。

第三篇翻译的教育论，笔者结合教学实践和教学反思，针对目前 MTI

教育面临的机遇和挑战，从宏观战略上结合管理学视角探讨打造 MTI 教育的竞争优势的可行性战略；针对其中的差异化战略，从战术层面提出了建构个性化的 MTI 教育模式，并以个性化的核心课程以及个性化的专题口语教学设计为例，论证了个性化教育的可行性。

以上的零星想法还比较稚嫩，却是出自一名高校教师对翻译学的执着和对翻译教育的赤诚。"译事三难"是严复对翻译事业的高度概括，本书借用"译事三论"为题，谨在提醒自己在翻译学上虚心求学，笔耕不辍。

本书的出版离不开导师仲伟合教授在翻译学上为我引路，对我的谆谆教诲。出版过程中又得到了中南财经政法大学外语学院领导的大力支持，世界图书出版公司学术出版中心（武汉）宋焱编辑敬业而细致的工作，而我的家人更是默默地支持我的工作，小女儿稚嫩的"妈妈加油！"都给了我无穷的勇气，在此一并诚挚地表示感谢！青涩的第一本书也谨以纪念父亲。

最后，敬请学界前辈与同仁给予指正。

冯曼

马年深秋于虎泉寓所